◇ 谨以此书献给中国改革开放 30 周年 ◇

1978—2008

30年

1978–2008

30 Reflections
of China' s
30 Years of Reform

30人

见证中国改革开放

潘灯 等著

外文出版社
FOREIGN LANGUAGES PRESS

序

厉以宁

真的感到时间过得太快，从1978年到现在已经整整30年。30年前的几件大事，比如说，恢复高考之后第一批大学生进校、实践是检验真理唯一标准的大讨论、1976年天安门事件平反、安徽凤阳小岗村包产到户，特别是具有历史意义的中共十一届三中全会的召开……这些都仿佛是前不久的事情，使人们记忆犹新，然而，它们确实已过去30年了。

过去的30年，是中国生命力迸发的30年，更是每个中国人的生存空间、发展机遇和各种权益得以逐步舒张的30年。正是改革开放，让中国人摆脱了贫困，过上了小康生活；也正是改革开放，让中国打开了关闭多年的门，一步步走向世界。

30年的历史舞台上，上演了一幕幕令人心灵震撼的史剧，回荡着一个个振聋发聩的箴言诤语，也承载了太多人的壮烈和悲伤、光荣与梦想……这些，已和改革风云一起镌刻在了历史的天空。

历史是由人创造的。改革开放的30年，带来的最大变化就是开创了可以调动人的积极性的新体制，使每个人的潜力极大地发挥出来，释放了自己的能量。在实践中，每个人都在创造着历史，每个人的生活都折射着历史的片断。今天，在改革开放30周年之际，在奥运圣火照耀中华大地之年，外文出版社用中、英两种文版出版《30年，30人》一书，通过记录人物的生活历程来反映这段鲜活的历史，我不但认为这个方式很可取，而且认为这也许是一种更生动、更贴近现实的叙述历史的方式。

读完本书的初稿，我有这样几个感觉：

第一，立意有特点。在这30年中，中国的方方面面都发生了深刻的变化。这本书立足于描绘普通中国人的生活轨迹，以政治体制、经济体制的改革，以及社会经济领域内所发生的巨大变化为背景，从个人生活的细节来观察变化。这样更能体会改革带来的成果或实惠，也更能理解当初这一决策的发起者和推动者的深远考虑。

第二，视角有广度。这本书选择的30个人，既有最先尝试改革开放的袁庚同志以及当年和我一起为改革理论贡献才智的江平教授，也有因改革开放以后才兴起并且现在仍然为国民经济又好又快发展而努力的民营企业家，更有许多是普普通通的老百姓。他们来自各行各业，有着不同的生活轨迹，每一位经历过这段历史的读者几乎都能从其中找到自己的影子。

第三，内容有价值。如果只是一个人的故事，那就很难体现30年里发生的种种变化，但30个人累加起来，就能折射社会经济生活的很多方面。从最初的高考制度恢复、知识青年返城、冤假错案平反、农村承包制的推行、企业股份制改造，直到最近几年发生的农村医疗改革、基层民主自治、城乡统筹发展、新农村建设等等，这些决策和举措究竟给人民带来什么样的影响，全书并没有多加评论，而是用真实的记录给读者作了回答。

第四，问题有涉及。可以肯定，这不是一本一味唱赞歌的书。不同人物的际遇沉浮、喜怒哀乐，不可避免地在一定程度上触及一些社会问题。比如下岗失业、三峡移民、社会矛盾、农民工境遇……当然，这不是一本理论著作，不必深入探讨问题产生的原因，提出解决这些问题的方案。留在这里，让读者思考，供有志者作进一步研究，可能更有价值。

经常有外国朋友问我：改革开放究竟给中国人带来了什么？我想，这本书在一定程度上可以解答他们的一些疑惑。

最近几年，关于改革开放的“存废之争”此起彼伏。有人认为，改革进入到第30个年头，已经没有继续进行的道理，再改就意味着原先政策的失误了。我和不少理论界的朋友则认为，总的说来，这30年改革是非常成功的——书中30个人不同程度的生活变迁已经说明了问题。但是，一项政策很难将问题一步到位地解决，就拿市场经济的主体——企业股份制改革来说，起初我们争论了很久，最后还是觉得不能直接同国际接轨，所以采取了“双轨制”，即“增量流通，存量暂不流通”的模式。后来，条件逐渐成熟了，“双轨制”的弊端也日益显现出来，于是才推行股份制的第二次改革，把“双轨”并成“单轨”，这就是股权分置改革。

有人说，过去30年中国经济发展对于社会的改变之大，超越了过去几千年。这句话很有意思。不同阶段的历史也许不好简单地类比，但至少可以说，从社会主义计划经济体制成功地转向市场经济体制，我们的经历和成就是前无古人的。我们可以无愧地说：这是历史的创举。我想，只要我们坚守过去30年这种开朗的视角、开放的心态和开拓的精神，再过30年，中国依然可以再创一个震惊世界的奇迹。忧患仍在，但信心不减。

我有幸经历了中国改革开放的30年。这30年，我几乎从未停止过观察和思考。这30年，值得追忆的故事太多、太多。虽然这本书里的某些观点让我难以苟同，但是，她让我有一种“回归”的亲切，那就是回归到细节，回归到生活，回归到平凡。但这种“回归”丝毫不影响我们对置身这一伟大时代的激昂与自豪。相信这也是每一位读者的感受：你可以不同意书里的某些提法或某些见解，但你不得不承认这是一本值得阅读的好书。

2008年7月18日于北京大学光华管理学院

厉以宁简介：经济学家。北京大学社会科学学部主任、教授，北京大学光华管理学院名誉院长，并担任十一届全国政协常委、全国政协经济委员会副主任。

目录

CONTENTS

站在改革的起点

袁 庚 | 1978 年：交通部外事局代局长，
招商局轮船公司常务副董事长
2008 年：离休干部

临老受命，远赴招商局

“经过我的争取，你们妈妈年后要调到香港去上班，同我在一起。把你们留在北京，你们要好好照顾自己，好好学习和工作。为你们的父母不两地分居，干一杯！”1979年的春节团圆饭，袁庚向儿女们宣布了这一消息。此时的袁庚，已经62岁。早在1978年，已是交通部外事局代局长的他正思谋着回家养老，却突然临老受命，被交通部党组委派赴香港参与招商局的领导工作。

招商局当年是交通部下属企业，一直从事涉外工作的袁庚对招商局百年沧桑甚是了解。从1872年12月23日李鸿章向清廷奏呈《试办招商轮船折》，到招商局创办一批中国近代意义上的工交金融企业；从1950年香港招商局全体员工率在港的13艘船舶起义，到如今全部资产仅剩1.3亿元；袁庚意识到招商局已到了非改革不能图生存的地步，他希望中央和国务院能同意招商局把香港的有利条件如资金、技术，与内地的有利条件如土地、劳动力结合起来。望着桌上展开的香港地图，他希望能在广东省宝安县新安地界上邻近香港西北角的蛇口划出一块地段，作为招商局工业区用地。

浓浓的春节气氛还没有散去，袁庚的设想就得到了党和国家主要领导人的同意。那时百废待兴，国家也拿不出太多的钱来支持招商局，负责和袁庚谈话的这位领导对他说：“交通部就是要同香港结合起来，发挥各自的优势，可以创造外汇。我想不给你们钱买船、建港，你们自己去解决，生死存亡你们自己管，自己去奋斗。你要赚外汇，要向国家交税，要和海关、财政、银行研究一下，不然你这一块地区搞特殊，他们是要管的。”

这天正值邓小平访美归来，他的专机刚刚降落20分钟，袁庚夫妇俩就起飞经广州转道去香港。起飞前，袁庚脱下身上厚厚的黑呢大衣，交给儿子带回家。气温已经升高，南方已经春意盎然，袁庚要轻装上任招商局第29代“掌门人”。同时，他还兼任了蛇口工业区的第一任管委会主任、董事长、党委书记，他要为改革开放大业在南方点响开山的第一炮。

“时间就是金钱，效率就是生命”

资本家给新上任的袁庚上了第一课，就是拿钱当钱。招商局买了一座楼，卖楼的人要求一手交钱，一手交货。那天星期五，袁庚开了2000万的支票给对方，对方拿到支票，马上开车以最快的速度存到了银行。因为第二天是星期六，银行关门休息两天，星期五15时之前不到银行去交那个支票的话，他要损失2000万存3天的利息。袁庚想，内地的同志怎么也不会如此“拿钱当钱”。这个第一课随之诞生了“时间就是金钱”这句语录。

另一件事情催发了“效率就是生命”的诞生。600米长的顺岸码头工程，是袁庚主持的蛇口工业区第一批基础设施的重头戏。1979年动工伊始，由于采取了惯用的平均主义奖励办法，工人积极性不大，每人每个工作日运泥只达20～30车，工程进展缓慢。为了调动工人的生产积极性，他在车队工人中实行定额超产奖励制度，办法是每人每个工作日劳动定额为运泥55车，完成这一定额者每车奖2分钱；超过定额者每超一车奖4分钱。两件事情给袁庚巨大的激情，随之诞生了那句在改革中引起巨大反响的标志性语录:“时间就是金钱，效率就是生命。”这个口号的提出在当时的确需要勇气和胆识。它不仅打破了当时人们“谈钱色变”的传统观念，更带给人们符合市场经济规律的效率观、价值观。有学者认为，这个口号是“冲破思想禁锢的一声春雷”。来蛇口投资的一位外商说：这句口号的价值就在于对国人观念带来的巨大冲击，整个国家从蛇口开始了向市场经济观念的转变。

袁庚在全国率先实行了干部体制的改革，废除终身制，公开招聘干部；董事会成员通过直接民主选举产生，并每年举行一次信任投票，得票不足半数者自动下台；带头实行工程招标……这一切都具有启蒙作用，引起了人们思想观念的深刻变化。就这样，蛇口工业区成为中国改革开放的“试管婴儿”。大批同袁庚一样的开拓者从四面八方来到蛇口，以“深圳速度”在这片改革开放的热土上，一次又一次地演绎特区建设波澜壮阔的奇迹。仅仅五年，2.14平方公里的蛇口工业区发挥了巨大威力。五年前，蛇口是人口外逃外流的口子，五年后人才回流，资金回流。由客商独资或合资兴办了74家企业，其中51家已经投产，14家工厂开始盈利，职工工资水平已超过澳门。

1984年1月26日上午，中国改革开放的总设计师邓小平来到了蛇口。在了解过蛇口码头的建设和通航状况之后，他高兴地说，你们搞了个港口，很好！系统真的好。“系统真的好”，这是邓小平视察蛇口、深圳的第一句赞扬。见邓小平听得饶有兴趣，袁庚便把话题引向纵深——他简要地汇报了工业区几年来进行的经济体制、机构、干部制度、工资制度、住房政策改革的情况。最后，袁庚说：“我们这里进行了一点冒险，不知道是成功还是失败。”邓小平点头道：“对。”

邓小平对蛇口“时间就是金钱，效率就是生命”的肯定，使袁庚倍感欣喜。同年 10 月 1 日，共和国 35 周年国庆，“时间就是金钱，效率就是生命”的彩车出现在天安门游行队伍中，这个口号迅速传遍全国各地。1984年中国改革最耀眼的光环应归于蛇口，蛇口的改革得到了最高领导人的认同，“特区”蛇口与袁庚的声望同时到达了巅峰。

1985 年 9 月，工业区又在结算中心基础上成立了财务公司。财务公司属非银行金融企业，既可向银行拆借资金，又可吸收企业存款。它的成立进一步扩展了工业区的融资渠道；同时也扩大了结算中心的业务范围，可以为工业区之外的企业服务。1986年5月5日，袁庚提笔给中国人民银行写信，建议成立招商银行，他说如果充分运用蛇口工业区这些年的经验，采用先进的人事管理体制，相信能够成功。显然，袁庚把招商银行作为他又一个新颖且刺激的试验项目。在讨论袁庚的这项建议时，人行行长力排众议，表态支持建立招商银行。1990年9月，袁庚与上海方面就投资开发外高桥等项目达成协议。不久，招商大厦矗立于陆家嘴金融中心，招商银行上海分行正式成立。现在，招商银行已经由一间企业的结算中心变成世界 500 强企业。

淡出政坛，深居简出

中国实行改革开放的政策并不是一帆风顺的，其间发生过激烈的争论。身处改革风口浪尖的袁庚，自然也曾受到名目繁多的责难，承受了反差强烈的正反评价。而对这一切，他采取了一种非常宽容和达观的态度。1992年12月，袁老75岁高龄时获准离休，从此淡出政坛，深居简出。他生于深圳，又在深圳成就伟业，离休后依然选择留在深圳，住在与他的名字分不开的蛇口的海边，开始过上了红霞晚景悠闲自得的日子。

袁老很风趣地说，他离休后一直坚持“一个中心，两个基本点”，就是以身体健康为中心，要糊涂一点，潇洒一点。他每天晚上10至11时睡觉，凌晨5至6时就醒来，中午要小憩片刻。他博览群书，从马克思、恩格斯的《共产党宣言》到金庸、琼瑶的小说。但凡听到有国内外出版了的、有意思的新书，他必定想方设法弄到手，先睹为快。他还喜欢读报，香港《大公报》、《文汇报》、《信报》、《深圳商报》都读。他家已有多份报纸杂志，但有时他还到街上书报摊买《南方周末》、《南风窗》和其他一些报刊杂志来读。除了看书、读报外，他还爱上网、看电视、和老朋友聊天，像中国普通的退休老人一样，过着平静而惬意的生活。

看庭前花开花落，望天际云卷云舒。如今90高龄的袁庚腿部肌肉有些萎缩，行动有点不便，平时基本不出门。他很喜欢门前的那些大树，这些大树是他刚到蛇口后不久就种下的。当年蛇口建设的时候，他特别要求部下建房子必须在门前栽树，不许砍树。优美的环境留下了许多海内外的企业家，直到今天，他们把公司设在东莞、惠州，但还是愿意来蛇口住。袁老也很喜欢窗外不远处的大海，他说躲在房子里想象大海，总让人心潮澎湃。蛇口的一切都糅进他的生命里。

曾经是一代人的偶像

崔 健 | 1978 年：北京交响乐团小号演奏员
2008 年：音乐人

1993年首都体育馆的一个沸腾之夜，崔健的个人演唱会。穿着汗衫，留着长发，弹着吉他的崔健正用嘶哑的嗓子喊着当时人们从单卡录音机上听熟的摇滚旋律，全场的人被带动着挥汗如雨。他的身边都是光着膀子挥舞的手臂和晃动的脑袋，不经意间还带着咸味的汗滴摔打在他的脸上、身上……

这是一位中年人对那个夜晚最深刻的记忆。此前，崔健演唱会的海报一夜之间贴遍了北京各大高校，票价超过了学生的经济承受能力。手中没票的他赶到首体，等在演唱会开场后20分钟，从“黄牛”手上买到了两元一张的门票。

崔健，在很长一段时间内一直是他们那代人心中的偶像。

从吹小号到唱摇滚

20岁那年，崔健就成为了著名的北京交响乐团下属的北京爱和管弦乐团的小号演奏员。这与他从小受父母的熏陶是分不开的。他的父亲是个专业的小号演奏者，母亲在舞蹈团工作，14岁他就跟随父亲专业学习吹小号。

后来，崔健来到了北京，在这里，他听到外国旅游者和留学生带进中国的磁带，开始迷恋摇滚乐，对Simon & Garfunkel及John Denver的热爱鼓舞着他，他开始学弹吉他，并很快当众演唱。1984年，他与另外六位专业音乐人成立了一个叫“七合板”的乐队，在北京的小餐馆和小旅馆里演奏西方流行音乐，这是中国第一支这一类型的乐队。同年，他将自己创作的歌曲归入一张唱片，取名为《浪子归》。他只是希望通过这张专辑来展现自己的音乐风格，因此没有提供歌词，唱片的质量也不高，他没有将《浪子归》作为自己的专辑来看待。

80 年代中期，西方摇滚音乐由非官方的途径传入中国，代表乐队包括甲壳虫乐队、滚石乐队、Talking Heads乐队、警察乐队等。他们的音乐影响了崔健，他开始了自己的摇滚乐创作，并自编了一首摇滚 RAP 歌曲——《不是我不明白》。遗憾的是，80 年代的中国，说唱风格的摇滚简直是稀罕古怪的玩笑，很少有人能够接受它。

是批判，还是唤醒心灵？

1986年，在北京工人体育馆举行了一场纪念国际和平年的“百名歌星让世界充满爱演唱会”，当时中国最红的歌星都参加了。演出由东方歌舞团主办，团长是王昆，具体操办的人叫黑子，黑子知道崔健刚刚写了一首《一无所有》，他找到王昆，说：“阿姨，有个歌手叫崔健，他专门为这次演出写了一首歌，我觉得非常好，不过风格比较新。”王昆说：“我听听。”王昆听完后说：“不错，上！”演出时，崔健穿了一身农民装走上舞台，近似疯狂地演绎了他的新作——《一无所有》，歌曲结束时，被震撼的观众起立疯狂地鼓掌。不久，许多大中城市的大街小巷都在传唱《一无所有》。淋漓尽致的歌词，置放在刚劲陌生的音乐中。有人认为这是“资产阶级腐朽文化”的表现，也有人觉得这里有严肃的、发人深省的内容，比如对“文革”的反抗。在年轻一代人看来，崔健的歌真实，具有唤醒他们心灵的力量，敢于展示一些敏感话题，例如自由和性，他们为在崔健的摇滚里找到共鸣而激动万分。于是，穿着土旧装的崔健，变成了一个伟大符号，被看作是启蒙、思想、真实、不合作的文化象征。那时，模仿着崔健的装束，在校园、在宿舍、在街边用吉他弹唱崔健的歌成为年轻人的时尚。

但是，之后不久，崔健因为以摇滚乐的编曲演唱革命歌曲《南泥湾》遭到非议且被禁唱，1987年被迫离开了北京交响乐团，开始为 ADO 工作。ADO 是支新兴的北京乐队，包括两名外国使馆雇员，他们将有节奏的动感音乐带进崔健的音乐曲调。在ADO的帮助下，崔健发行了他自己认为的第一张专辑——《新长征路上的摇滚》。所谓“新长征”，在当时是一个政治口号，就是指“改革”，崔健最初的想法是让摇滚也搭上“新长征”的快车。在《新长征路上的摇滚》中，他也想到了“领袖毛主席”，自觉地将音乐的“教化功能”牢记在心，而且以此标榜自己从《南泥湾》的阴影走出来，“走上正路”。但是摇滚相对于中国的民族音乐和当时的流行音乐表现形式来说，无疑被天然地打上了“批判”的烙印。不同的是，崔健的批判又不同于其他批判，他能让人反思每个人对生活的态度，而不是仅仅去指责他人。《新长征路上的摇滚》这个专辑里的每首歌曲都是经典，每首都给人心灵的震撼。正如当年评论记者所说的那样:“自从有了《新长征路上的摇滚》，中国的流行音乐将不再是一无所有。崔健的摇滚是一种信念，是一种执著，是一种真我，是真正的音乐。”

墙内开花墙外香

在国内建立起知名度的同时，崔健也开始获得了国外的关注。

1988 年他为汉城奥运会的全球现场广播中演唱了《一无所有》，1989年又应邀前往英国伦敦参加在皇家阿尔伯特厅举办的亚洲流行音乐大奖赛，并前往法国巴黎参加“布尔日之春”艺术节。回国之后，1990年3月，崔健开始了《新长征路上的摇滚》的国内巡回演出。演出装点了即将迎来亚运会的北京，也点亮了中国大陆的摇滚乐坛。

1991年，崔健发行了第二张个人专辑《解决》，其中收录了他1990 年前写的一些歌，继续试验着他的声音。凭借着崔健的影响力，这张专辑在国内继续受到欢迎。令他没有想到的是，专辑卖到日本，得到了那里乐迷的追捧。1992年，国内开始流行从香港传来的MTV，崔健将《解决》中的一首《快让我在雪地上撒点野》制作成了 MTV，并得到国际 MTV 大奖。这部 MTV 迅速在日本流行开来，崔健应邀在东京演出。1994 年，崔健又发行第三张专辑《红旗下的蛋》。这个专辑更是墙内开花墙外香，崔健在日本4个城市巡回演出，所到之处堪比 8 年前在内地的受欢迎程度。第二年，他把他的音乐又带到了美国，并在美国巡演，当地主流媒体清一色地予以正面评价。

崔健老了？

崔健在音乐上继续寻找新鲜的东西。1998 年，他发行了第四张专辑《无能的力量》，这张专辑是前卫数码摇滚，和他从前的作品迥然不同。崔健希望利用RAP音乐语义上的密集描述出20世纪末中国变化的社会和经济情况。但是这次尝试失败了，关注崔健的人们说“崔健老了”。崔健不承认自己老了，他历经五年多潜心创作了自己的第五张专辑《给你一点颜色》，并于 2005 年 3 月发行。

他想通过这张专辑给对他失望的听众“一点颜色”，然而获得的评价是“用形式主义的陈词滥调取代他过去那些一根针扎进心里的话语”。那些20多年前处在饥饿的状态中听崔健的乐迷也少了当年的反叛，多了对安定生活的追求，他们更习惯在忙碌的工作之余听些舒缓的曲子。而如今的年轻人——正好就是当年狂热追捧崔健的乐迷的孩子——生活中有了酒吧、有了迪厅、有了足球、有了电子游戏。关于音乐，他们更喜欢周杰伦，更沉迷于“超级女生”。也许，正如某些评论家所说的：在如今这样一个文化多元、生活日渐安逸的中国，人们已经没有了30年前的那种被压抑后的反叛，不需要通过呐喊来发泄自己的情绪。

2008年1月5日，47岁的“中国摇滚教父”崔健在工人体育馆——22年前他第一次喊出“一无所有”的地方——为自己做20年经典作品回顾。因为同期同一地点有蔡琴、信、羽·泉、韩红等多场个唱，崔健制定了同期最低的票价。距离演出只有10天时间时，票房数字只有1/4，好在后期的票价促销，有近万人为他捧场。

听过他之前演唱会的观众感叹：眼前的崔健真的老了，就像他在《不是我不明白》中唱到的那样，这个世界变化太快了！你永远都赶不上这个时代。但是，崔健的那种追寻，已深深地映在了一代人的心里，回忆中，依然能够听到他当年用歌声唱出的鼓励——“我想要离开，我想要存在，我想要死去以后，从头再来……”

细说 30 年衣食住行

王佳从

1978 年：陕西省西安市灞桥区李家堡小学教师
2008 年：退休老人

76 岁的王佳从老师，在西安市灞桥区干了一辈子教育。

1952年刚参加工作时，他一个月工资48元；后来增加到62元，一直保持到70年代末；现在他每月退休金1800余元。改革开放30年，他的收入涨了 30 倍。

1952年，年仅20的王佳从来到灞桥区李家堡一所小学任教。刚上班那阵子，工资才 40 多元，刚够养活一家三口。1956 年工资改革，他的收入一下子提高到62元，这在当时算是高收入，那时一家三口每月生活费花去 40 元，还能存 20 元钱。但攒下来的钱逢年过节回富平老家的时候，还要带给双方老人。20世纪六七十年代，工资一直没啥大变化。70年代末，西安市人均年可支配收入也仅为300多元。到80年代开始，王佳从的工资开始7元、8元地往上涨，1989年每月工资加补贴已经拿到五六百元。因为物价上涨，除了家里五口人的开支，每月还能攒一二百元，可这些仍要补贴双亲。1993年，王佳从退休了，这时他的工资已经过了千元。三个子女陆续成家，老两口的钱自己花，一年可以攒下四五千元。经济渐渐宽裕了，日子也越过越红火。到2001年，西安市人均年可支配收入达到6705元。

2007 年，西安城市居民月均收入首次突破千元大关；居民家庭人均年可支配收入为 12662 元，与 1978 年相比，增长 30 多倍。看见大家都在炒股、买基金，王老师心里也痒痒的，用积攒的几万元赶了一回时髦。

衣：从一衣多季到一季多衣

“现在冬天出门不怕冷，女儿和儿子给我买了好几件棉衣，从薄到厚可以适用于不同的气温。”今年多年不遇的大雪，让西安持续低温，王老师穿着儿子给自己买的新羽绒服，天天去超市买菜。他回忆起1952年自己刚上班时，吃都吃不饱，一件衣服冬天穿完夏天穿，只有过年时才给女儿做件新衣服。有一年专门买了块布料给女儿做衣服，特意告诉裁缝把衣服做大一些，因为大一点可以多穿几年，小孩子长得快。结果那个裁缝做得太合身了，两口子为此生了好几天的气。

上世纪六七十年代物资紧缺，什么都要凭票供应，粮有粮票，油有油票，布有布票，甚至还有烟票。有些紧俏物资，还要凭“份点”，其实就是“西安购物券”，每人一月发一份，一份等于十点，买一样东西需要不同的点数。古城百姓衣着几十年一贯制，满大街清一色的款式和色调，衣着只起保暖的基本作用。女儿结婚时，他托人从上海捎来当时流行的花呢料，需要三份点，心疼了好久。因为买了这个后，想买别的东西就没份点了。

从上世纪八九十年代开始，街头出现了各种衣料和样式的服装，丝、毛、麻、化纤，很多名字以前听都没听过。2007年与1980年相比，古城市民人均衣着类支出从每年73.7元上升到950.5元。居民衣着消费的变化，首先是数量的增加；其次是衣着面料的高档化和精细化；同时，人们开始从衣着时尚的变化中追求美的享受，品牌意识日益增强。

现在，虽然王老师每年买的衣服跟别人比起来不算多，但至少每到换季时都会添上几件，有的还是名牌，他说：“想穿就穿，根本不是什么难事。”

食：从填饱肚子到吃出文化和健康

上世纪80年代初期，居民生活的主要问题仍然是如何“吃饱饭”；而进入21世纪，人们开始追求低热量、低脂肪、全面营养和健康科学的饮食方式。

今年春节，王老师家的餐桌上少了往年鸡鸭鱼肉的影子，取而代之的是新鲜的蔬菜、海鲜和素食。王老师说：“过去鸡、鸭、鱼、肉是好菜、大菜，但现在因为脂肪含量高，它们已经被我家的餐桌淘汰了，如今讲究吃出文化和健康。孩子们常提醒我，一日三餐要讲究搭配，才能营养到位；肥肉最好少吃，多喝酸奶易消化吸收；鸡蛋一天不要超过一个；早晚吃点水果可抗衰老……”

回想上世纪50年代，7毛钱一斤的肉每个星期只能吃上一回。到了六七十年代凭票供应时，光有钱还不行，还得拿上户口本，按家里人口限制供应。那时家里的粮食都要称好了计划着吃，否则就会青黄不接。改革开放以后，随着市场供应的丰富，票证也逐渐取消。“粮票是最后一个取消的票证。逐渐取消时，开始一斤粮票换十个鸡蛋，后来十斤粮票换一个鸡蛋，我都一直没舍得换。现在家里攒下来的粮票早成了给孙女讲历史的‘文物’了。”

现在逢年过节，大多数人的家里都不会准备太多年货，因为菜市场、超市天天有新鲜的供应。有时儿女们还会在饭店订一桌饭，“我们两口子也不用在厨房忙活了”。

住：五次换房，越换越大

有一套属于自己的宽敞舒适的居所，是所有百姓的梦想。1998年，西安市城镇居民人均住房面积9.9平方米，比1980年增长了90.4%。到2007年，城镇居民人均住房面积达23.6平方米，百姓的安居梦想正在成为现实。

现在，王老师两口子住在学校的家属院中。他记得自己换过五次房子了。从刚上班开始，他就一直在爱人单位附近的农村租房子，一租就是20年。那时农村一间房子月租金才4元钱。“先不说冬天冷得受不了，就是晚上下班回家听到的狼叫就吓得人够呛。”上世纪70年代初，王老师一家搬到爱人单位的“母子楼”上。这种户型把一大间隔成两小间，两户人家一起居住，共用一个厨房，厕所一层一个。“现在想起来，虽然家里面积小，光线阴暗，可总算住上了公家的房子，一家人为此庆贺了好几天。”

上世纪70年代末，王老师家又搬到家属院的“简易楼”上，一间房加一个厨房，“终于告别几家同奏锅碗瓢盆交响曲的尴尬了，又跃上了一个新台阶。”80年代，王老师家搬到“加固楼”，两室的房子，厕所、厨房一应俱全，“当时那种房子可是大家做梦都想住上的。”

90年代，王老师又分上了两室一厅的新房子，把“加固楼”让给了刚结婚不久的儿子。房子面积虽然不大，但院子环境不错，家里整洁干净。“住这种房子，心里敞亮、舒坦，心情格外高兴。”现在，王老师还打算在附近再买一套更大的住宅，用来投资。

行：从自行车到立体交通网

上世纪五六十年代，王老师用两年的积蓄买了平生第一辆代步工具——永久牌28型自行车，100多元，这在当时十分时髦。王老师说，那时结婚都讲究要“三转一响”：自行车、缝纫机、手表和录音机，可见当时自行车是个奢侈品。平常上班、去区上开会，甚至回老家都是骑自行车。

后来公交车渐渐发展起来，回富平老家须换乘两次车，再走几里路，到家基本就晚上了。“拿的东西一多，就要累得好几天才能缓过劲儿来。”到了90年代，西安到富平县的直达车开通了，王老师回家不用再费那么多周折了。现在，想回家只要租辆车，又方便又快捷。平常在城里转，直接坐出租车；要出省旅游，还可以打“飞的”，几百公里的路一眨眼就到了。“如今的立体交通网这么发达，在以前根本是想不到的。”

用：电视机从小“黑白”变成大“液晶”

王老师说，前两年家里买了台一万多元的液晶电视，可心情却没有买第一台“黑白电视机”时那么兴奋。那是20世纪70年代，见邻居家陆续有人买电视，于是他家也买了一台。每天晚上，大家都围在他家，看着电视里新奇的画面，久久不愿离开。王老师说，他家为买那台二三百元的索尼牌黑白电视机，考虑了一个月，花了好几年的积蓄。“那时虽然只有两三个频道，可每天晚上大家总是看得津津有味。”

改革开放后的第一个十年，居民对高档消费品需求激增，西安市先后兴起了两次耐用消费品“抢购风”。到了上世纪80年代，王老师家的黑白电视机罢工了，他就势换了台18英寸的“海燕牌”彩色电视机。那几年，家里的洗衣机、电冰箱、电风扇等家电从无到有，每有客人来，都会惊讶他们家的“现代化程度”。

进入90年代，王老师家又陆续添置了微波炉、抽油烟机、空调等新一代家电。如今，还购置了电脑，平常经常上网炒股，生活方式也越来越现代化了。

一个“老北京”的建筑情结

关 庚 | 1978年：北京市建工局工程师
2008年：退休老人

在关庚家卧室的床头柜上，有一张1950年的北京市地图，泛黄的地图被装裱在玻璃木框里。没事的时候，他喜欢戴上眼镜，在上面仔细寻找以前去过的地方，它们现在都已经变了。他自小在北京四合院大家庭里长大，后来从事建筑行业近40年，因此比常人见证了更多的北京城市变迁，有时候，亲眼看着许多地方在自己的手下一点一滴地变化，有些留恋，但更有欣喜。

建筑生涯中最后浓重的一笔

参与国家大剧院工程是关庚建筑生涯中最后浓重的一笔。从2000年开始，他一直在国家大剧院工地做监理。国家大剧院是中国新世纪的重点工程之一，政府相当重视，工地上工人的务工条件也非常好。工人是来自中国各地的农民工，在他们还没进驻工地时，承建单位就已经替他们做好了一切后勤工作。他们的住处是统一建在郊区的房子，由于离工地远，每天早晚都会有班车在宿舍和工地之间接送他们。午饭和晚饭都是统一配送的快餐，荤素搭配，相当丰盛。工人们的工作状态非常好，有时为了赶工程，通宵达旦地干活，关庚也陪着他们守了许多通宵。

从监理的角度来说，整个工程的质量是不错的，技术含量比较高，工人在施工中发挥了自己的智慧。为了不超过人民大会堂的高度，大剧院在设计时限制了高度，旋转舞台部分挖得很深，从地面到基础底需要33米。出土时大卡车开到底，坡度挺大，对司机的技术要求极高。上下坡时十几辆卡车有序来往，场面很壮观。关庚说，这是他见到的最深的工作面，施工现场没出什么差错，可见工人们技术水平之高和组织性之好。当时工地上真是热火朝天，有段时间，他在现场曾估算有1000多人同时施工，上百辆运输车辆穿梭不停。如果远看国家大剧院，就像一个巨大的蛋壳，壳外铺的是钛钢。工人们顺着巨壳的坡势，身上戴着安全索，一块一块地铺设。他们铺得极为认真，承建方的安全保障工作也做得很细致，这么大的壳面没有出大事故，的确不易。

很遗憾，关庚没能坚持到国家大剧院工程最后完成，2004年，由于脑血栓落下了左脚不利索的毛病，他只得回家休息。于是，回忆过去的生活成了一个习惯。

改革开放之初的建筑工人

1978年的改革开放，可以说是关庚人生的一个重大转折，他在北京市建工局开始负责承建一些大型建筑的施工工作。“文革”后的北京，在城市建设方面可以说是百废待兴，建筑技术基础非常薄弱，连塔式起重机也难以找到几台，盖大型建筑成了问题。于是，在西南郊冷库工程中，关庚和同事们采用了滑磨、升板技术，这是当时中国比较先进的技术，很好地解决了没有塔式起重机的问题。几年后，建筑技术快速发展，几大建筑公司相继进入北京，大型建筑如雨后春笋般出现。

因为负责承建的工程越来越多，关庚的生活更忙碌了。从早忙到晚，每个工地的施工都要盯着，加班是常有的事情，通常两个礼拜才能休息一天。有时忙得顾不上吃饭，一天下来，才发现自己已经筋疲力尽。但他很少觉得累，因为有一种工作热情在支撑着。工地上的工人干活特别卖力，当时的工人一般都是公司的老职工，他们都有一种职业自豪感，单位对建筑工人每年都有评级，并且会有定期的考试，考的都是施工中遇到的一些实际问题。因为有荣誉的鼓励，工人们做事特别认真，有时遇到某个环节出现质量问题，即使在吃饭，也会扔下饭碗赶紧过来改工。

紧跟80年代的时尚

工作忙了，收入增加，手头也开始有点余钱了。80年代初的北京，吃饭时喝点啤酒成为一种流行。由于啤酒供不应求，啤酒厂推出了散装啤酒。散装啤酒不像现在的扎啤冰凉可口、气泡充足，而是一种由大罐车运来后用泵打在商店的容器里的啤酒，温度高且每次口感都有不同。不过这就算不错了，因为不早排队还买不到。一到下午，估计酒快来时，关庚也和街坊邻居一样，自备容器，前去排队买啤酒。买回后用凉水镇着，到吃饭时喝。有的酒瘾大的，买完就在当街上喝了。当时并没想到，就在不到十年后，普通人喝啤酒也可以去酒吧，或者买上几箱听装啤酒，想喝就在冰箱里冰上点儿。在一段时间内生活的发展速度快得让人们不敢相信自己的眼睛。

当时的服装业还比较因循守旧，跟不上人们思想开放的形势。于是，许多人开始尝试自己做衣服。因为有设计图纸的基础，关庚也开始大胆地进行一些简单的服装设计。动手后，才体会到比画工程设计图容易多了。后来买了缝纫机，他画图样，妻子缝制，衬衫、大衣、西服裙、女儿的童装系列……引得街坊邻居交口称赞。

整个80年代，由于收入逐渐提高，关庚家相继添置了许多电器。他得到了一张购买电视机的票，在前门电器商店买了一台三洋牌的 12 英寸电视，从此，改变了女儿老去邻居家看电视的局面。每天晚饭后，一家人便开始聚在院子里看电视，邻居家没电视的也过来凑热闹，搬着小板凳，矮的坐前，高的坐后，就像看露天电影般热闹。当时冰箱已热销，凭票供应，关庚买第一台冰箱还费了挺大周折，先是从五金交电厂工地要到票，因为要自行提货，且仓库又远，那天，他借了一辆三轮车，妻子坐后头，两人一起去肿瘤医院仓库将冰箱搬回了家。冰箱是单门万宝牌的，当喝上第一口冰镇的凉汽水时，全家人心里别提多舒服了。

七年：东方广场的日日夜夜

90 年代的北京，为了保持良好的城市生态环境，在市区建设上，提出了从外延扩展向调整改造转移的战略，中心地区的建设重点从占地开发转向调整和改造。1992年，当时供职于香港东方海外公司的周凯旋在北京了解到东长安街和王府井的改造计划，她提出全面开发新东方广场，并说服李嘉诚为此项目投下 20 亿美金。

1993 年至 2000 年，关庚担任建工总集团东方广场项目部副总工程师。从场地拆迁开始一直到工程建成的这七年，关庚也和工人们一样，穿着汗衫、大裤衩，昼夜不停地在工地上劳动。终于，他们将一块拥有 76 万平方米的地界建成了现代化的、多功能的综合大厦，东方广场成了当时北京最大的单体建筑。现在，每当他站在流光溢彩的东方广场前，就会想起年少时和哥哥坐在台阶上数马路上有轨电车的温馨场景，虽然现在这里已经面目全非，但想到这其间有自己的点滴劳动，心情总会无比激动。

过去——现在：不变的是幸福感觉

对自己的过去，关庚有一种深深的怀念，总想把那些美好的点滴用笔画下来。在国家大剧院做监理时，有段时间因为要等设计方案停工了一段时间，那阵子不太忙，他就每天早去一两个小时，开始画画，画自己的童年、家庭、求学和婚恋……其实当时并没有想太多，画得很随意，利用业余时间，两三个月就画出3本。后来中国青年出版社看中了这些资料，他们觉得这是从一个平民角度反映北京城上世纪变迁的最好绘本，于是，他的绘本《我的上世纪——一个北京平民的私人生活绘本》一书于2007年出版。这本书保存了许多老北京纯正的民俗，也珍藏了他大半辈子宝贵的记忆。

说到这几年最高兴的事，关庚说是房子越住越大。他搬过四次家，从四合院搬到18平方米的一居，后来是30多平方米的两居，再到现在住的近90平方米的三居，2008年年底之前，他们还要住进更大的新家。虽然生活的空间越来越大，但一直维持着年少时住四合院时便有的大家庭气息，上有老岳母，下有小孙子，四世同堂，其乐融融。紧跟时代步伐，他家先后购置了五台电视，做到每屋一台。当然，为了观看各类录像影碟，家里也先后添置了录像机、VCD、DVD。随着技术的不断更新换代，电脑也先后配置了三台。笔记本电脑、数码相机、MP3……在这个信息网络时代，他家和北京所有的普通家庭一样，数字化设备一件都没有落伍。

关庚很满足自己现在的生活状态：平时在家看书，养几只小乌龟当宠物解闷，天气好的时候就和老伴一起去公园溜达，生活过得很平淡、很安逸，也很幸福。

为权利呐喊

江 平

1978 年：回北京政法学院任教

2008 年：中国政法大学终身教授、博士生导师，中国法学会副会长

回到讲台：跨越“私法教育”的禁区

1978 年北京政法学院复校，江平回校任教。

回到讲台的江平深切感受到了领导层从未有过的对法律的重视。由于“文革”的影响，国内的法学教育和研究几乎停滞了 10 多年，一些“文革”前的老教授都已过了退休年龄，法学著作在十年浩劫期间也损毁怠尽。江平很珍惜教师这个岗位，希望能把自己的法律知识和法律理念传授给年轻人，并把他们培养成将来国家依法治国的栋梁。

要培养具有法学精神的人才，就必须向他们传授一个完整的法学思想，但是当时的私法教育还是一个禁区。当时“文革”的阴影尚未完全散尽，社会的整个大环境依旧是谈“私”色变。江平最深切感受到的就是中国社会缺少私法的精神，他首先提出要讲西方国家的两门课，一门叫《民商法》，一门叫《罗马法》。这两门课程，让学生们既感到新鲜和好奇，同时又觉得不安甚至是不妥。过去讲外国的《民商法》都是批判，甚至连标题都要加上“批判”二字，而江平首先把它作为一门正式课程来介绍给中国学生；而《罗马法》的精神就是私法的精神，在当时宣扬“私法”就会被认为是藐视国家权力，江平却要让学生们明白，只有使私权利得到合法保障，国家才能够实现法治。

参与立法：中国人私权利的一步步提升

1985年，刚刚担任中国政法大学副校长的江平作为4人专家小组成员之一，接受了起草《民法通则》的任务。在起草《民法通则》的过程中，他通过多种形式广泛宣传"民法通则"的意义和作用，解答了许多法学观念的难题。他的研究和大量的释疑解惑工作，使《民法通则》的制订、通过和实施得以顺利进行。8月他们就完成了《民法通则》草案第一稿，后经反复讨论，《民法通则》的修改稿得以完成，并于1986年4月12日通过。《民法通则》被认为是"中国的权利宣言"，它又一次赋予了中国人私法权利。由于《民法通则》专家组的出色表现，江平在法学界被尊称为"民法先生"。

在江平看来，《民法通则》的制定并不是他最引以为豪的。在民国时期，中国就有了自己的《民法》，其雏形更可追溯到清朝末年，而且各国大都有自己的"民法"。真正有所突破的，还是制定了《行政诉讼法》。

1983年，江平率队考察比利时和西德的法制建设。令他吃惊的是，那里有专门的行政诉讼法院，原告大都是公民，而被告全部是政府。更让他吃惊的是，30%的案件居然是原告获胜。此番考察之前，他一直在思考一个问题：五千年的封建统治，使中国人习惯于"服从"，自己的一言一行都希望能够服从公权利的框框。能不能给公权利也制定一个边界，让公权利的行使受到监督、私权利受到公权利损害时能够得到及时和有效的保护，这成为他冥思苦想的问题。1987年，正值《民法通则》实施一周年之际，当全国人大一位副委员长提议由江平来牵头成立"行政立法研究组"时，江平当即应允了。两年之后，他主持的《行政诉讼法》通过了。那天，已经是全国人大常委、人大法工委副主任的江平异常兴奋，因为中国历史从此开启了“民告官”制度的先河，社会主义国家也有了《行政诉讼法》。

《行政诉讼法》可能是最能让中国老百姓挺直腰板与行政单位“叫板”的法律了。近20年来，每年全国各级法院受理的民告官案件达5万件以上，而民告官的内容也从当初的拆迁、治安管理等几个领域，发展为知识产权、土地矿产、城市规划、教育、国有资产、网络等类别，几乎涉及所有的行政管理领域和行政机关。

此后，江平还主持、参与了中国其他一系列重要法律的立法工作。他是1999年出台的《合同法》、2001年出台的《信托法》的专家起草小组组长，参与了《国家赔偿法》、《公司法》、《证券法》、《票据法》、《合伙企业法》、《独资企业法》等立法工作。尽管现在他已年逾古稀，但仍担任着《物权法》和《民法典》的专家起草组负责人的重要职务。学法律的中国人都会因为这些法律而把江平看成一面旗帜，而更多的中国人尽管不知道江平，但切切实实地享受着他为自己的普通生活带来的改变。

自我定位:“我只是一位教育学家!”

1988年，江平教授升任中国政法大学校长。从这年开始，他坚持为本科生上第一堂课。面对不满20周岁的懵懂少年，他很少讲“中国特色”，强调的是法律的“普世性”。他不遗余力地高呼“RIGHT”，国家的“RIGHT”和公众的“RIGHT”在他看来同等神圣。把中国法学教育与世界联通起来，使之融入到人类的丰富的法律知识体系之内，时至今日，校长和学生都换了一拨又一拨，中国政法大学这一鲜明的特色仍在中国法学教育中独树一帜，无可争议地成为中国的最高法学学府。

作为校长，江平的学识让学生们觉得高山仰止，但他在学生们心里却和蔼可亲。教室里，他总会坐在最后一排旁听；食堂里，他就在邻座吃饭；宿舍里，他会与学生畅谈到熄灯……学生们把他当成了朋友。为培养出真正具有法学素养的学生，在学校的各种工作中，江平在任何情况下都以教学为先。他挽留了很多优秀教师，也帮助有关部门引进了很多优秀教师，并且总是在最困难的时候提供给老师最重要的帮助。江平把他所理解的法治的两个思想支点——民主和自由——贯彻到治校当中，被公认为“民主校长”。

“我不是法学家，我只是一位教育学家！”这既是江平的自谦，更是他给自己晚年生涯的定位。20世纪90年代，江平把精力主要转到对西方法学著作的翻译组织工作上。早在1988年，他就在访问意大利时与意大利国家科研委员会罗马法传播研究组达成合作协议，决定翻译罗马法原始文献。这是一项巨大的工程，全部文献计20多卷500万字，需要20年才能译完。这在当时几乎是不可想象的，但他以自己的远见卓识为中国法学教育以及罗马法研究提供了第一手历史文献资料。他还通过努力获得美国福特基金会资助，组织翻译了一套30余种法律的“外国法律文库”丛书，译字总计1000多万。

身为中国政法大学终身教授的江平年近八旬仍在带博。他和吴敬琏等几位不同学术领域的广受尊重的泰斗会经常聚会，对最受关注的热点进行点评。他们的点评无疑也影响着高层的决策。

1994年起，他每年会到国外讲学。1983年以学者的身份外出考察时，接待他的外国教授感叹“中国没有法学家”。时过境迁，他成为了座上宾，获得了比利时根特大学、秘鲁天主教大学和意大利第二罗马大学名誉法学博士学位和名誉法学教授的称号。他是新中国继宋庆龄、邓小平之后第三位被国外著名大学授予名誉法学博士学位的中国人，也是第一位学者而非政治家获此殊荣的中国人。他把这份荣誉看作是外国对中国这几十年法治进程的承认。

如今的江平腿脚不好，行动不便。每天早上，他就在楼下溜溜狗，然后读读书，接待来访者一般都选择在下午。只要是中国政法大学的学生，他都会接待。从中国政法大学到江平住的小区很远，但有一路直达公交车。学生们都知道，终点站那头住着他们永远的老师。

“老上海”在浦东迷失方向

张依青｜1978 年：上海纺织机械六厂工人
2008 年：燕兴集团退休职工

张依青又站在了上海浦东的陆家嘴，这是一个她曾经走过无数遍的地方。然而现在，面对着这里的外企总部写字楼、国际品牌酒店和购物广场，这位土生土长、在这里生活了50多年的“老上海”却迷失了方向。因为浦东的变化实在太大了。

摆渡：跨越黄浦江的唯一方式

30 多年前，她每个月都要往来于浦东和浦西数次。因为父亲腿脚不便，所以去父亲单位拿工资、办理相关杂事都落到了她头上。记得那时几乎所有的人都只有蓝、黑等几种深色的衣服，连款式都大同小异，而跨越黄浦江的方式也只有摆渡这一种。有次她在渡船上遇到了朋友，两人穿着同样的衣服，于是异常亲切，后来，还是那件衣服，还是在渡船上见面了，只好相视一笑。

70 年代的一个冬天，张依青又和往常一样来到延安东路摆渡码头，依旧交了6分钱的船费，那时每个人的工资都差不多，每月36元，6分钱是从浦西到浦东的往返船费，她从浦东回来就不用再交船费了。张依青总是从浦西延安东路摆渡到浦东陆家嘴，那时的陆家嘴只有浦东大道这一条路程较长的大路，而公交车则只有 81路和85路两路，张依青一直都是搭乘公交81路，然后到“六号桥”站下车。

然而，与往常不一样的事情发生了。那天由于父亲单位当天的会议时间延长了很久，等张依青办完事往回走时已是晚上 10 点。与现在商场灯火通明的场景相比，当时的浦东一到夜晚一片黑暗，就连路灯都是昏暗色调的，道路两边没有任何商铺，行人也很稀少，能见到的仅是一片连着一片的农田；能听到的，也只是田间偶尔发出的不知名的生物的叫声。更加令她近乎绝望的是，公交 81 路早就下班了。

家是一定要回的。穿着父亲那件陈旧的深褐色大棉衣，张依青疾步快行，而且不敢回头。刚开始的时候，还有若干下晚班的工厂女工结伴同行，张依青就跟在她们身后。然而，也不知道过了多少时候，那些女工也已经不见踪影，路上只剩下她一个人。此时，她有些害怕，于是下意识地加快了脚步。

终于，走到了陆家嘴码头，登上摆渡船，10 分钟后，回到浦西。在当时，浦西虽然比浦东繁华，但远远不能与现在的外滩热闹场景相比。公交车已经全部停运了，行人依然稀少，只是路灯比浦东稍显明亮。别无选择，张依青只能继续步行，回到家时已经是凌晨 2 点。

母亲正焦急地站在门口眺望着，直到看到女儿回来，她才长长地舒了口气。其实母亲想过要给父亲的单位打电话，但当时，市民几乎没有私家电话，要打电话，一定是去弄堂口的公用电话亭。而那天实在太晚了，公用电话亭的人也早已下班。

迁居：紧跟浦东开发的脚步

80年代末90年代初，浦东启动了初步开发计划，规划要形成上海浦东开发区、上海浦东工业区、浦东经济城等。交通工具的改善成为折射浦东发展的焦点。90年代初期，一座由中国自行设计、自行建造的双塔双索面、迭合梁斜拉桥——南浦大桥诞生，其浦西引桥造形优美，曲线螺旋形，上下三环分岔，衔接内环线高架路、中山南路和陆家浜路。1991年12月1日，南浦大桥正式建成通车。之后，又一座跨越黄浦江的自行设计、建造的双塔双索面迭合梁斜拉桥——杨浦大桥建成。90年代中后期，上海市延安东路越江隧道南北线工程分别建成，以客运为主，成为上海连接浦东与浦西、跨越黄浦江的一条主要道路。

当浦东飞速发展，且摆渡不再是唯一的横跨黄浦江的交通工具的同时，随着父亲的退休，张依青已经不再需要去浦东奔波了。1997年11月，在石库门弄堂住了40多年的张依青和父母、丈夫以及女儿一家五口迁居到了虹口地区的东北角。

事实上，张依青一家的迁居，也是为了配合当时虹口区的部分商业建设。

四川北路是仅次于是南京路、淮海路的上海第三大商业街，是上海开埠以后，最早建成的几条马路之一，纵贯虹口区南北，全长3.7公里。90年代四川北路进行了大规模改造，主题就是要将其打造成“平民商业大街”，当时计划中，改建后的四川北路，以高品位、中低价的商品，现代电子技术的服务，以及利用周边人文景观建设起来的现代文化旅游和娱乐设施为特色。“面向工薪阶层”是四川北路商业街的宗旨，这有别于名店栉比的南京路和豪华高雅的淮海路。它坚持为大众服务的经营方针，立足于国货名品，扶持民族工业，成为国内名牌最多、质量最优、门类最全的商品中心。所以，曾有一度，“走走逛逛其他路，买卖请到四川路”是四川北路商业街的广告语。于是，一批标志性商业建筑——上海第七百货东楼、多伦、凯伦、上海春天等纷纷现身。

而张依青一家原本的老房子正是位于商业较为发达的四川北路，楼下沿街的基本都是商铺，包括大祥食品店、第七百货、英姿照相馆等，因此，当时类似他们这样占据良好商业地理位置的市民也自然要向外迁移。

对张依青来说，迁居是一件天大的好事。原本的四川北路老房子对门是石库门，声音嘈杂。而老结构的房子没有电梯，步入中年，已经有些关节炎的她上下楼梯特别不便，老房子用电、用水都要特别“用心”，比如80年代的时候，晚上必须将水龙头开着存水，因为要积累第二天的用水，马桶也不是抽水式的，必须每天自己提到楼下洗刷……而这些问题在新居民住宅楼内都得以解决。

退休：生活有了更多追求

1998 年，由于身体健康状况欠佳，腰椎病发作，张依青提前退休。1999年，女儿进入大学住校学习。突然之间，她感觉自己的生活变得空闲起来，于是，一向爱好念书的她报名参加了小区附近的电脑学习班，扫盲计算机知识。尽管刚开始的时候，她连 26 个字母在键盘上的方位都搞不清楚，对于拼音也不是特别在行，但从小喜欢念书的她却觉得很有意思，可以在未知领域获得新知识。经过一段时间的学习，张依青参加了全国统一的计算机初级考试，并顺利通过。之后，她家开通了有线通包月上网，闲来无事的时候，她也会在已经被女儿淘汰的旧台式电脑上冲冲浪。

除了学习以外，一直爱好文艺的张依青还经常到美琪大戏院、上海美术馆、上海博物馆等场所观看各类演出、展览等。当然，最为喜爱的还是芭蕾舞。只要有上海芭蕾舞团或者外国各大芭蕾舞团的演出，在身体条件许可的前提下，她都会去观看。

上海大剧院等一系列新剧场的建成，更加满足了张依青观摩文艺演出的需求。而每次在上海大剧院看舞剧演出的时候，张依青总还要回想到30年前在市府大礼堂，踏着水泥地板，坐着简单的木质椅子观看《小刀会》和《天鹅湖》的情景，尽管市府大礼堂已经被拆掉了多年，但当时留下的美好感觉萦绕至今。

如今，女儿已经大学毕业参加工作，有时候，女儿也会抽空陪张依青观看各类演出，但由于女儿和丈夫目前的工作较忙，所以大多时候，张依青都还是和一群志同道合的朋友一起去看演出。

就在前一阵，张依青独自去刚建成几年的浦东东方艺术中心看一场演出，然而多年后再次踏足曾经颇为熟悉的浦东，这个“老上海”也有点找不着北了，站在陆家嘴金融区，她的眼前仿佛出现了幢幢高楼和片片农田相重叠的影子，面对着东方明珠、正大广场、浦东香格里拉大酒店……张依青幸福地笑了。

与麻风病抗争后半生

李桓英 | 1978 年：中国医学科学院皮肤病研究所主治医师
2008 年：北京热带医学研究所研究员

在江苏泰州几乎与世隔绝的麻风村，李桓英第一次接触到了麻风病人，那是1970年。“当时有件事给我震动很大，一个小男孩仅仅因为一只手指有一点轻微麻风症状就被隔离到麻风村，在那儿一住就是几十年，一辈子都废了。”老人既痛心缺乏良药擒服病魔，更痛心人们对麻风病的曲解和过分恐惧。如何寻求有效疗法，铲除人们对麻风病的认识误区，成了她终日思来想去的头等大事。

麻风病是一种致残，甚至毁容的慢性接触性传染病。早在民国时期，由于医学的落后，对这种病缺乏有效的控制手段，当时的政府便开始实行国际通行的麻风隔离政策，将麻风病人聚集到边远的村落集体进行治疗。新中国成立后，限于当时国内外对麻风病的认识水平，麻风村仍然保留，成为麻风病管理治疗的特殊组织机构。

1978 年，开始人生的第二次远航

1978 年底，李桓英被调到北京友谊医院热带医学研究所，被分配从事麻风病的研究和防治，57 岁的她从此开始了人生的第二次远航。

1979 年 3 月，世界卫生组织官员来京考察中国麻防现状。组织派 58 岁的李桓英赴英、美了解麻风病研究进展，和一些东南亚有麻风病流行的国家一同进行现场研究，改变长期服用氨苯砜隔离治疗的现状。“回来后真能从事麻防工作？”有人质疑接近退休年龄的李桓英。但是她胸有成竹，凭着在世界卫生组织及既往工作的经验，这年秋天，她只身来广西、云南选点。云、贵、川三省是麻风病高发区，约占全国麻风病人的70%。李桓英出村入寨，一个月下来，西双版纳3个县的7个麻风寨成为她防治研究的试点。云南西双版纳傣族自治州勐腊县南醒麻风寨麻风病人的生活状态让她触目惊心，一个女孩拉起裙子，用无奈和乞求的目光，让她看大腿上的大片麻木性皮损。另一个8岁男孩牵着双目失明的母亲来到李桓英面前，母亲的手伸向她，顷刻，又缩回去，如此3遍。李桓英明白她害怕医生嫌她有病，一把拉过母亲的手，说:“我是医生，来给你治病的，我不怕。”母亲的泪从失明的眼中滚了出来。李桓英动了感情，对着几十张扭曲变形的脸，说:“我一定带药来，带医生来，给乡亲们治好病!”离开麻风寨那天，人们挥手送她，傣语此起彼伏:“来呀，来呀。”这一幕深刻印在她的心里。

1980年，她作为改革开放后的第一批访问学者前往美国进行为期一年的交流。这是她1958年回国后第一次在美国与亲人团聚。父母已经过世，弟弟、妹妹劝她:“大姐，您年纪大了，在国内又孤身一人，就留下来吧。”但是，她却一直牢记着对麻风病人的承诺:“我一定带着药回来，把你们的病治好。”之后，1981年至1982年，她考察了欧、美、英和东南亚等7个国际麻风中心和现场，了解国际麻防进展，以图改变国内长期隔离单一化疗既不能消除社会歧视，又易造成耐药复发的状况。她把云、贵、川的6名麻防医生带到尼泊尔、印度、泰国实地考察，以求早日改变我国麻防的落后状态。回国前，她为云、贵、川向世界卫生组织申请了治疗100人份的麻风新药。

“麻风病把我们变成鬼，您把我们变回人”

回国后，李桓英在勐腊南醒着手创建全球第一个不住院短程联合化疗试点。她不但自己与麻风病患者亲密接触，甚至鼓励当地官员也这么做。她握完一位病人的手，顺势把这双残疾的手引向一位当地县长：“来，你们也握一下。”对方却勉为其难地拉了一下。于是，李桓英微笑着给大家上了科普第一课：麻风病不可怕，只要及时治疗，就能好。

在简陋且艰苦的条件下，李桓英悉心摸索、苦苦追求。谈及病区的艰苦，她笑得很坦然：“麻风病是个穷病、落后病，既然干了这一行，就不要计较条件，若要计较，那就哪儿也别去，那就什么也干不成。”世界卫生组织推荐的麻风病联合化疗疗程至细菌阴转至少服药24个月，一名多菌型患者，如用至细菌阴转就要治疗7～8年。没有经验借鉴，她心中没底。但是她选择了24个月疗程，以求用最短的时间，达到最好的效果，利于推广。病人服药后，病情好转，但是色素沉积逐渐严重，面呈黑紫，残疾的脸上愈发可怖，她担心病人为此中断治疗。但病人相信李教授，黑着脸也坚持服药，说：“这药就是好，哪里有病菌，药就到哪里去。”24个月终于挺过去了，达到当初效果。麻风病人对她说：“麻风病把我们变成鬼，您把我们变回人。”两年后，所有服药的47名病人全部治愈，之后，其他省参与试验的病人也获得了同样效果。这一成功将麻风病的治疗时间比既往用单一化疗疗程缩短了4年。据此，她向世界卫生组织申请资金，把试点扩大到全国59个县。经过十多年的努力，在西南麻防基地，至1995年，经她治愈的病人已达1万多人，复发率仅为0.03%，远低于世界卫生组织规定的1%的标准。

在李桓英的办公室，有张云、贵、川交通图，上面插了20多面三角旗，那是她的足迹。如果按一年两三趟跑，20 多年了，少说也有四五十趟了。但是，她也明白，靠自己一个人的力量是无法消灭麻风病的。从 1985 年起，她开始给云、贵、川三省的麻防人员多次举办学习班。每个班40人，上万人次接受过她组织的培训。

“实现一个没有麻风病的世界”

1990 年 4 月 17 日是李桓英一生中最难忘的日子，也是云南西双版纳傣族自治州勐腊县南醒村村民最幸福的一天。这一天，县长宣布南醒作为行政村正式划入勐仑镇，更名为“曼南醒”。“曼南醒”在傣语中是“河边的新村”的意思，这个曾经与世隔绝的村庄又回到了人间。村里的老老少少给李桓英挂上鲜花，给她穿上傣族服装，她激动得热泪盈眶。7年来的日日夜夜，终于在这一天得到了回报，如今的曼南醒，公路修到了村门口，每户村民平均收入已达到几千元，村里建起了卫星电视地面站，家家有了电视，竹楼的草顶也翻新改成了瓦顶，有些家庭还有了手扶拖拉机。

1998 年，第十五届国际麻风会议在北京召开，李桓英带头领导开展的短程联合化疗和消灭麻风病的特别行动计划在会上被誉为“全球最佳治疗行动”，她因此被推选担任这次大会的执行主席。2001年，她主持的《全国控制和基本消灭麻风病的策略、防治技术和措施研究》获国家科学技术进步奖一等奖。2002年，李桓英已年过八旬，为实现基本消灭乃至彻底消灭麻风病的目标，她启动了麻风分子流行病学研究，这被世界麻风学界称为“最后一场攻坚战”。2005 年 11 月，北京市李桓英医学基金会在北京友谊医院成立，她将多年来的积蓄和获得的各种国内外资助用于奖励在国内麻风病科学研究、学术领域做出突出贡献的青年科技人才。

在她的呼吁下，国内对麻风病人和麻风村的歧视也有根本改变。从上世纪 80 年代起，全国各地关闭、组合了大量的麻风村，治愈的 50 多万麻风病人走出村庄或重新就业，或颐养天年，过上了正常的生活。麻风村也不再是贫困村的代名词，村内成立病员自治组织，民主选举产生村民管理委员会，负责村内生产、财务管理、生产资料的协调以及病员生活、文化活动等，并协助专业防治人员开展各项医疗、康复等方面工作。短程联合化疗缩短了疗程，在家就地治疗，不需要隔离，有利于消除歧视、恐惧心理。

2007年的“世界防治麻风病日”，中国卫生部向全世界宣布：中国现在麻风病人数由40年代末的约52万人，减少到现在的6300多人，这些数字标志着中国在经过 50 多年的努力之后，已经基本走出了麻风病时代。

87 岁高龄的李桓英依然在为麻风病的研究和防治执着追求，她说，要“着重早发现、早治疗，使下一代不会‘因麻致残’”。为了“实现一个没有麻风病的世界”，她前行的脚步不会停息……

履迹地球三极的记者

孔晓宁

1978 年：复旦大学新闻系学生

2008 年：《人民日报海外版》旅游部主任、高级编辑，中国作家协会会员

孔晓宁喜欢旅游，旅游可以愉悦身心，也能从中触摸文化的脉搏；孔晓宁更喜欢文字，一个个的汉字经他指头一番摆弄，能焕发生机。于是，他是第一个踏上地球三级（南极、北极和青藏高原）寻找新闻素材的中国媒体人，也是世界上为数寥寥有此经历的人。

豪情：踏上地球三极

1995 年的春天，作为人民日报社的记者，孔晓宁参加了中国首支北极科学考察队。除了兴奋，他考虑更多的是能不能跟上科考队伍的步伐，能不能把报道任务完成好。还未启行，他就和队友们在松花江冰面近零下 40 摄氏度的严寒中负重行军，风餐露宿，模拟北极恶劣环境进行严格特训。在孔晓宁看来，报道好此次科考意义重大，受这点苦又算得了什么？

北京时间 1995 年 5 月 6 日下午 3 时 20 分，飞机在北极冰盖着陆。舷梯刚放好，孔晓宁和队员们就奔了下去。大家伸出双臂，热烈地拥抱成一团。他和另外 15 名科考队员面对着一万多公里外的天安门广场方向，展开了一面大幅的五星红旗，这面红旗是考察队员出发前，从天安门护旗战士手中接过来的。

第二年，孔晓宁又去了南极。在中山站近两个月期间，他既是记者又是壮年劳动力，还负责为中山站建筑物的外表层打锈补漆。回国后，他将自己随同中国第 13 次南极科考队勇闯极地的经历著成《南极漠野探秘》一书，该书随后荣获中国政府最高图书奖——“五个一工程”奖。

在此之前，孔晓宁还随科考队踏上青藏高原，涉足可可西里无人区。这地球最高极的亘古蛮荒与雄阔大美，都凝聚在他书就的篇篇通讯报道之中。

结缘：难舍的“大报情结”

尽管不能像战地记者那样在战火纷飞中出生入死，尽管不能像时政记者那样站在高端俯视社会，但“造访”地球三极，多少实现了孔晓宁年少时的“新闻梦”。

1980 年，从复旦大学新闻系毕业后的孔晓宁被分配到湖北老家的武汉大学工作，学校准备让这位中国著名的新闻系的高材生到正在筹备的新闻专业任教。无奈，筹备工作一时搁浅，孔晓宁到学校宣传部作了一名校报编辑。半年后，他考取中国社会科学院研究生院新闻系，导师是人民日报社《市场报》的总编辑。毕业后，孔晓宁被爱惜人材的导师留在了自己身边。

选择在人民日报社工作，是缘于他的“大报情结”。《人民日报》一直以来就是国内最具权威性、最有影响力的报纸，所登载的消息和通讯，其作用往往已超出了作品本身。上世纪70年代末80年代初，中国兴起了又一次出国潮，加之当时大陆同港、台关系的微妙变化和侨务工作的新特点，国内编辑与发行的《人民日报》经邮递到国外后很难满足海外华人的口味与需求。正是在这种背景下，一份专门针对海外华人阅读习惯与需求的《人民日报海外版》应运而生，它在国内编辑并开始直接在国外华人聚集的一些城市印刷和发行。当 1985 年 7 月 1 日，登载着邓小平“向海外朋友问好”题词的《人民日报海外版》创刊号出版时，孔晓宁已经成为了该报教科文部的一名编辑、记者，从此也开始结缘旅游报道。

见证：中国传媒的昨天与今天

《人民日报海外版》是内地第一份采用电脑排版的报纸。当初这套从日本引进的电脑系统，颇为笨拙，几千个常用汉字分设在一张张塑盘上，打字员得从厚若辞海的一大叠塑盘上找字录入，速度相当慢。完成稿件录入，排好格式，再出相纸。把一张张相纸拼图似的贴在纸版上，然后照相、出胶片，才能付印。如果出相纸后发现文中有差错，得用小刀把错字抠出来，再把须补的字一个个粘上去，像是在做最简单的手工劳动。由于速度慢、效率低，当时的报社夜班比现在要多上几个小时，常常是忙到凌晨两点，到报社食堂吃一份两毛钱的夜餐，然后继续忙到凌晨三四点钟。尽管这样，孔晓宁和同事们已经觉得相当便利了。此前，他曾在旧式排版车间实习过一个月。那里摆满了一人多高的木箱，铅制汉字按照偏旁部首分门别类地放置在箱子里的各个格子里，排字工人须准确地记住每个常用字的具体位置，一手拿着文字稿，一手上下左右不停挥舞着拣字。一到夏季，排字车间里弥漫着含铅的闷热气体，工作环境更是艰苦。遇到急发稿，记者每写完一页，就有专人一路小跑把稿子送到车间，几名排字工人分头拣字。尽管这样，报纸从印厂出来时，天边常常已经吐出了晨曦。直到20世纪80年代末，报社用上了王选发明的方正排版系统，从改稿到出样，所有的编辑过程都能在电脑上完成，报社编辑、记者及其他工作人员的劳动强度才大大减轻。

随着排版软件的一次次升级，编辑出版报纸效率越来越高，科技的进步也使采访报道越来越便利。原先外出采访，孔晓宁只是带上一个小本、一支笔，如需摄影，还得从单位借相机。在外地向报社传稿子只能通过电报，使用传真机已是上世纪 90 年代的事情了。现在，孔晓宁随身携带的手提电脑、录音笔、数码相机等设备，与同行相比已经是“低档配置”，其他不少记者已经使用上了数码后背、卫星电话、大型转播车，甚至是移动记者工作站。

在新闻报道技术手段不断更新的同时，新闻界群体和报道内容也在悄然变化。孔晓宁读大学的时代，只有极少几所高校设立新闻专业，该专业集中了文科学生中的精英。人民日报社等几家中央级媒体，更是从中选拔了一批尖子，甚至还一度成为选拔和培养干部的基地。孔晓宁从事新闻工作初期，党报还主要承担着介绍工作经验、报道工作成绩、宣传工作典型的职能，因此格外受到有关方面重视。那时他以人民日报社普通记者身份到国内一些地方采访，当地党政主要领导都会出面接见；参加联合采访，也会受到“开小灶”的优待。但《人民日报海外版》一创刊，便显示出独特的办报风格。它的采访报道，并不停留在党和政府的日常工作上，而是注重展现中国发展变化的事实，反映普通人的生活变迁。这种贴近实际、贴近生活、贴近群众的办报理念，既得到上级领导部门的首肯，又受到海外读者的欢迎，也令新闻同行仰慕，不少新闻作品与栏目都获得国家级的新闻大奖。随后兴起的都市类服务类报纸，大多沿袭了这样的风格。

近些年来，新的报刊及新兴媒体大量涌现，读者需求趋于多元化，党报的地位正在悄然发生变化。被采访单位的价值观也不同以往，他们有时会“偏爱”更形象、直观的电视媒体，或更迅速、海量的网络媒体。于是党报也不得不在激烈的“新闻大战”中求生存。当年作为海外华人获得大陆信息唯一渠道的《人民日报海外版》，如今在电视、网络的强势面前深感优势不再，后来兴起的各地侨报在当地读者中的影响也逐渐增加。然而这些非但没有让孔晓宁感到失落，反而使他觉出一种欣慰。他认为，报纸记者社会地位和经济地位在一定程度上的下滑，可以让纸质媒体更好地实现本位回归。当今新闻记者主要的社会责任，应该是“传递新闻”、“记录变化与生活”。这就要求媒体人在自己的作品中有独特的深度，推出独特的视角，将自己所知道的一切告诉受众。因此，当今的媒体人普遍感到责任更重了，工作压力更大了。然而，孔晓宁一直乐此不疲。现在，作为资深记者、编辑，他依然经常采写出精品。出版社将他的文章结集成书，已经达到十余部共计200余万字。他编辑的版面广受欢迎，多家侨报原封不动地转载他主编的旅游版。

迄今，孔晓宁的足迹已经踏遍了除南美洲之外的其他大洲，他的集近十年文章汇编成的《寰球履迹》一书，唯独缺了这个离中国最远的大陆。现在，他每天坚持锻炼身体，争取在工作的最后几年再好好拼搏一番。相信南美洲离他不会遥远。

从“农民工”到人大代表

康厚明

1978年：四川省重庆市永川来苏镇石牛村农民

2008年：重庆城建控股（集团）第一市政工程公司路面处农民工班班长，全国人大代表

他是首批“农民工”人大代表之一

2008年的春天，45岁的重庆农民工康厚明已是第二次走进人民大会堂了。上一次是在2005年，作为全国劳动模范来北京领奖；三年后，他再次踏进人民大会堂，是来参加第十一届全国人民代表大会。参加会议的2987名代表中，有来自上海的朱雪芹和来自广东的胡小燕，同康厚明具有相同的“农民工”身份。此前还没有农民工当选过全国人大代表。尽管从选举的功能属性来探究，这三名农民工所代表的是选举他们的选民，尽管在中国还没有一个叫“农民工”的职业，但几乎所有人都把他们看成了“农民工”群体的代表。这个群体究竟有多少人，谁也说不准确，估计约有两亿多。

“农民工”，此前一度被广泛称为“民工”，指那些持有农业户口身份的、从农村进入城市、依靠替雇主工作为谋生手段、但不具备非农业户口的人。由于户籍制度的存在，农民一度无法享受城市居民享有的医疗、就业等保障，进城务工的人基本上没有代表其利益的工会组织，更不能享受因为城市经济发展带来的社会福利。“民工”成为中国产业工人中人数最大的群体，同时也是城市被雇佣者中劳动条件很差、工作强度很大、收入很少、受尊重度很低的群体。直到最近几年，当党中央和国务院开始关注到这个群体，并在专门为解决这个群体的困难而颁布的文件中使用了“农民工”这个称谓后，这个中性色彩的词汇才逐渐被广泛使用。

由于“农民工”问题最近几年广受社会关注，康厚明他们三个“农民工”人大代表成了媒体竞相采访的对象。康厚明说，他接受采访太多，比平时干活还要累。除了接受采访，参加全国人民代表大会更重要的任务是参政议政和行使权力。2 月 18 日，他接到代表通知书，当时，二三十个工友都在身边，大家都非常高兴，通知书在 20 多个工友手中传了一遍才回到他手上。2 月 28 日就得去北京，因为要上工地干活，这期间又赶上儿子生病，他只能腾出两天时间去了解工友们的意见和要求。对于康厚明的人大代表身份，当工友们都明白“他不是官，而是代表我们农民工说话的”后，便敞开心扉，讲起了他们自己的心愿。康厚明在记录工友们的意见时感觉有生以来从没有过的神圣，因为那是要向总理汇报的啊。后来，果然一位副总理与他见了面，于是，他把来自基层“农民工”的呼声说出来了。副总理问他:“你说的都是事实吧？”康厚明说:“是。”副总理说:“好，我都记下了。谢谢你!”

他已经打工 28 年

在北京开完会回了重庆，康厚明马上回工地干活挣钱——他还是农民工，与以前没什么不一样，靠体力养家糊口。像这样，他已经 28 年了。

康厚明老家在永川农村。在老家分的田太少，他这个劳动力派不上大用场，1980年初中毕业后他就出来闯荡，最初他去的是广州，在那里根本找不到工作，也不知道怎么办理暂住证，晚上只好东躲西藏。后来，他又到了西藏、重庆打工，干过粮食加工，也干过石工、工程建设。最初干一天只挣1块8毛钱，关键是那时候拖欠工资的情况比较普遍，拿到工资并不容易。一次，老板拖欠了他们上万元的薪水。当他去向老板讨要时，发现根本找不到人，一问才知道公司早“破产”了。从此，康厚明长了记性，坚决不去没有资质也没有资产的公司打工。后来，凡是遇到其他农民工朋友只看薪水决定工作，康厚明就会提醒他们：应该找可靠的、有资质的企业和单位打工，生活条件、福利待遇、住房资源可能才会好，一定要选诚实守信的老板！毕竟，这样的老板越来越多了。

1998年，康厚明进入重庆城建控股（集团）第一市政公司当上了建筑工人。一直干路面、桥梁、公路工程建设，至今已有10年时间。“工地在哪里，我们就住哪里！”康厚明还记得刚进公司住拱圈的日子。后来，拱圈变成了工棚，一个棚子里塞进了三四十人。直到2003年，随工地漂泊的日子才结束，公司在位于毛线沟的搅拌站修建了民工楼。楼内是6米长、4米宽的民工房，放进上下铺，一间能住12个人。两年后，房间里又安了空调，开水 24 小时供应。

康厚明所在的农民工班，有近10对夫妻同在城市奋斗，公司只能提供民工集体宿舍，夫妻俩要想住在一起，就只有出去租房子，但租最便宜的房子，每个月都需要两百元左右。几对工友只好把一间房子用层板隔成若干个小“家”，供夫妻们居住。这样的“家”很不方便，还有很多尴尬。最近，各地普遍建设了廉租房。廉租房是指政府以租金补贴或实物配租的方式，向符合城镇居民最低生活保障标准且住房困难的家庭提供社会保障性质的住房，有社会公共福利和住房社会保障性质。虽然集体宿舍条件也比较舒适，但康厚明依然憧憬着有一天搬出集体宿舍，住进廉租房。与工友们铺设完一条新路后，他常常望着路边冒起的高楼遐想——能有一套属于自己的房子该多好。当然，对于康厚明来说，这仍旧是一个长久努力的目标。

他憧憬一切会更好

最近，康厚明又涨了工资，每个月能有2000元。他的工资差不多每年都有提高，妻子在工地的工人食堂做饭，每个月收入 800 元。这点钱对于一个要负担大学生的家庭来说是相当拮据的。好在这两年，政府要求企业为农民工购买医疗保险和工伤保险，康厚明不用过分去担心看病的问题。孩子学的是计算机编程，这是一个热门专业，康厚明把希望寄托在孩子身上，等孩子毕业挣钱后，一切就更好了。

尽管康厚明还是农民工，但他五年的全国人大代表任期才刚刚开始。面对媒体，康厚明今年说了很多，但总忘不了说“我是来学习的”。工余时间，他会在工友之间调研，有时也会找企业的领导和政府的干部沟通问题。从北京回来一个月后，康厚明向西南政法大学法学院的教授拜师学法，以期提高自己的参政议政能力，更好地为农民工代言。教授收下了这名“学生”后，康厚明自信地说:“这下子我当人大代表就更有底气了。”

打工的日子还要继续下去。康厚明家乡的青壮年人中约三分之二都外出打工，而且大部分都是夫妻双双外出打工。农村的年轻人更是希望通过出去打工闯出一番事业。康厚明倒不排斥老了之后回农村。回不回去，其实是由挣多少钱来决定的。

混得好，就留在大城市；如果有足够的钱，就在县城里买个房子；钱不多，就考虑在镇上买。对他来说，生活已经比以前好了很多，而且，正在越来越好。

把藏文化传播到内地去

斯朗·丹增曲培

1978 年：西藏拉萨市城关小学学生

2008 年：唐古拉文化传播有限公司董事长，西藏青年企业家协会副会长

“把圣山唐古拉的圣名带回去，把藏文化传播到内地去。”说起这句话时，丹增曲培的眼神中有着无比的神往和坚定。内地，是他的第二故乡，也是因为在内地的生活经历，给他的人生带来了更多的责任和传奇。

内地——第二故乡

1978年，7岁的丹增曲培走进拉萨城关小学，从藏文字母开始他的启蒙教育。尽管生活在自治区首府，但像彩色铅笔、文具盒这些现在在西藏习以为常的文具，当时的丹增见都没有见过，魔方、录音机这些玩意儿就更不用说了。对丹增而言，那是一段很纯粹的求学时光，他如饥似渴地汲取知识，成绩一直很好。

1986 年，他同一批成绩优异的同学去了湖北沙市第六中学的西藏班读初中。这是丹增第一次到内地，和他一起来湖北的 51 个十来岁的孩子也大多是第一次来内地。初到学校，第一次生活在汉族人中，丹增和其他学生并没感觉到不习惯。随他们一起来沙市六中的还有几名藏族老师，专门负责照顾孩子们的生活。在这里读书是不用掏学费的，衣食住行甚至课本、文具一律免费，每个月还会发些生活费。白天，他们和学校里其他班的汉族学生一样学习、运动；晚上，会有老师给他们义务补课或是由带队老师组织一些文体活动；周末，学校会组织他们逛街购物。图书馆、博物馆、电影院他们也经常去。

中学毕业后，丹增曲培应征入伍成为了一名海军战士。到部队报到的头一天，指导员很关心这名藏族的新兵，问他生活上有没有困难，需不需要特殊照顾。丹增回想起中学时候，因为自己的民族身份，老师、学校和政府对他格外关心，也增添了不少不必要的麻烦，就对指导员说："我在内地生活了好几年，很习惯内地的生活了。不要因为我是藏族兵，就给我搞特殊。维护祖国安全既是汉族人的义务，也是我们藏族人的义务，我不要组织给我任何特殊照顾。"新兵连的生活很快过去了，丹增不但样样考核优秀，还与战友们成为了好朋友。每逢节假日，部队里搞联欢，总少不了丹增表演的藏族节目。遇到藏历新年、萨噶达瓦节等藏族节日，连队里会特意留出时间让战友们一起给丹增过节。炊事班也会为丹增准备一些节日食品，丹增总是和战友们一起分享。

入伍第二年，团里有几个到军校读书的名额。在军校读书是很多战士梦寐以求的事情，当领导到连队里摸底时，令这位领导没有想到的是，没有等他开口，战友们都主动推荐了丹增。这年，丹增进入了中国人民解放军海军工程学院，开始了军校生活。部队转业，丹增回到了拉萨，在某市属机关工作。身边的人都以为从此丹增会在仕途上迅速成长起来，就连他本人此时也丝毫不怀疑自己会在政界上发展，然而人生之路却出乎意料地转向了。

人生转换——"唐古拉"藏饰传遍内地

今天的丹增已经不是官员，他经营着藏饰品。在他手上挂有一串天珠，手工精制，乌黑发亮，尤以中间那颗最为晶莹剔透，宛若神物。有一次，一个房地产开发商到他那里挑选天珠，看来看去，最后把目光停留在了他手上的那串，越看越喜欢，就直奔主题："我看中了你手上的这串，你开个价。"丹增微微一笑："这个不能卖。"地产商一听更感兴趣了："一万卖不卖？""不卖。""十万！""你出多少钱我都不会卖。"这串天珠，这些年来一直戴在丹增手上，从未摘下来过，它见证了他奔忙于西藏与内地间的每一个足迹。

2002 年，丹增 31 岁，他开始更认真地思考自己的人生走向。他是一个喜欢开拓创新的人，在他看来，人这一辈子，总得做一些跟别人不一样的事情，以此承载自己的人生理想。那么，他的理想又是什么？他想到了自己的第二故乡——内地，那里有他割舍不掉的许多美好回忆，而将两个故乡——西藏与内地，融入自己生活中的每时每刻，也是他一直以来的愿望。于是，丹增有了更明确的人生目标：把博大精深的藏文化传播到内地去。这个目标仿佛宏伟而又虚幻，"哪里是我的第一站？"丹增打开中国地图，无意间发现自己母校所在地的荆州市（1994年沙市和荆州地区合并，组建荆沙市，后又更名为荆州市）正好处在版图的中央。他决定把第一站就选在荆州。

几天后，从藏民家收来的藏族家具、几罐青稞酒和酥油茶，还有玛尼石和一些藏族工艺品就随同丹增一起从拉萨转机成都到武汉，再从武汉换汽车到了荆州。丹增记得很清楚，当时每公斤的空运费是 27 元，因为转机，6 天后他才到了荆州。他在中学旁边的一个朝街的单间里开起了一个小茶馆，为过往的行人讲西藏文化、收茶钱。荆州六中的藏族班还开着，去那里求学的藏民子女更多了。由于丹增经常往返于荆州和拉萨两地，每次回内地时许多藏族家长便托付他给子女捎带东西，每次必有"护身符"。这些手工打造、造型拙朴、寓意丰富的护身符浓缩了无限亲情，也引起了前来听故事的茶客的兴趣。后来，越来越多的朋友也纷纷拜托他从西藏带护身符回来。丹增心头一动，为什么不试试经营这些饰品呢？

于是，起名“唐古拉”的藏饰小店成为荆州一景，从荆州卖到了全省。省城武汉在武昌要组建一个仿古商业街，民宗委的领导跑来告诉丹增，鼓励他把店开到省城去。仿古商业街的招商团听说“唐古拉”想落户仿古商业街，给出了“免3年房租，免3年税收”的优惠。丹增兴奋地从荆州来到了武汉。

在“唐古拉”的门店里，所有的饰品都不标价，确定想买才会告诉你价格。客人寻着淡雅的藏族民歌旋律来到店里，听到的绝不是丹增如何吹嘘产品有多好，而是他如数家珍地向客人历数藏族工艺品的精巧细致和西藏文化的博大精深。一位老人经常来店里，从来不买也从来不问，只是看，只是听。丹增问他，他才说自己是武汉大学的教授，他对丹增说："你说的这些，我要是看书查资料，要两个月才能明白，在你这里，20分钟就明白了。"

“唐古拉”现在越开越多，北京、上海、广州，很多人要求加盟，原有的“西藏收购——内地卖”的销售模式已经远远不能满足内地顾客的需求了。2005年，丹增在拉萨成立了“唐古拉文化传播有限公司”，集中精力挖掘和开发一批既植根于藏文化，又适应内地顾客消费理念的饰品。源远流长的藏文化，藏民的善良、真诚、勤劳、勇敢都融入到每一件工艺品中，无论是银饰、编织物、石刻，无一不饱含着来自青藏高原的气息。它们以精美的造型、独特的寓意获得内地都市人的追捧。

2007年，青藏铁路修到了拉萨。丹增的手工艺品运到武汉只需要3天时间，运费也降到了每公斤6.8元。原先通过空运，产品的破损率在35%左右，现在通过铁路运输，这个问题也得到了解决。最让他感到欣喜的是，到西藏旅游过的内地人更能接受那些当初他们认为“不实用”的工艺品，同时他的创作团队的观念也在“与时俱进”。文化间的隔阂正随着铁路的贯通而日益消除。

丹增把家安在了武汉。最近，他经常能收到拉萨邮寄来的糌粑。小时候，家里每天只吃两餐，都是糌粑。后来，到了内地，很少吃到糌粑了。按照他的话说，从铁路运来的糌粑仿佛还是热的。最近一年，丹增家经常会接待从拉萨坐火车来的亲戚，每次，丹增都会让12岁的小女儿为长辈们跳上一支藏族舞。

“我看到一个绿色的中国”

梁从诚 | 1978年：中国大百科全书出版社编辑
2008年：退休老人

回忆这30年，梁从诫觉得，对他来说，1994年到2004年是最有意思的10年。因为在这10年中，他与“自然之友”一起结交了一群志同道合的朋友，真正为中国的民间环保工作做了点事情。

现在，他依然清晰地记得1998年美国总统克林顿访华期间在广西桂林与民间环保人士讨论环境问题的情景。当时，他有幸受邀参加了这次见面会，会上，他将中国特有的世界级珍稀濒危动物滇金丝猴照片作为礼物送给克林顿，克林顿问他金丝猴还有多少只，他说大约不足1200只，并告诉他：“这是灵长类中除人类之外唯一的红唇动物。”克林顿端详着照片，风趣地感叹：“哦，那是我的表亲。”

偶然：发起成立“自然之友”

梁从诫前半生的经历是和历史联系在一起的。1958年，在北京大学历史系研究生毕业后，他任教于云南大学历史系，此后又在北京国际关系研究所、中国大百科全书出版社、中国文化书院等单位任职。他关注环境问题缘于一个偶然。上世纪80年代初，正是中国的乡镇企业大发展之时，人们从主流媒体上看到的也都是乡镇企业如何促进中国经济发展的消息。当时，他在《百科知识》杂志工作，每天接到大量的社会来稿。有一天，他发现了一篇特别的稿件，作者独具慧眼地预见到规模不大、设备简陋的乡镇企业可能会给环境带来的破坏。就是这篇来稿，第一次引发了他对环境问题的深入思考。从那时开始，他就一直在思考作为一名普通老百姓能够为保护环境做点什么。1993年的一天，他与几个朋友一起聊天，谈到中国的环境状况，大家说，国外有“绿色和平”这样的民间环保组织在为保护环境而行动，起着督促政府、动员群众的作用，今天的中国是否也可以由民间人士成立自己的民间环保组织？于是，他们决定试试看。

中国民间环保组织最早可追溯到1978年由政府部门发起成立的中国环境科学学会。当时，随着改革开放政策的实行，中国社会各个领域开始逐步与国际接轨。进入90年代，中国理论界开始引入发达国家“公民社会”的理论，公众意识觉醒，中国的民间环保组织更加蓬勃发展。

1994年3月，由梁从诫发起的“自然之友”成立，成立不久，就获得了日本《每日新闻》与韩国《朝鲜日报》设立的环境保护奖项——“亚洲环境奖”，成为亚洲第一个获得该奖项的民间环保组织。成立初期，因为缺乏资金，也没有办公地点，梁从诫家便成了“自然之友”的办公室，会员的联络地点一般就在他家。最初的一两年，这个组织所有的活动通知和信封几乎都是他们用手写的，邮票贴好后送去邮寄，这些经费也是他自己掏腰包。

呐喊：为我们共同的唯一家园

因为在环境保护工作中所做的努力，“自然之友”逐渐为环保人士所熟知。1996年春，云南省德钦县政府为解决财政困难，打算砍伐一片原始森林，滇金丝猴的栖息地面临被毁灭的危险。云南的民间环保人士为保护这一珍稀物种奔走呼喊，他们到北京找到“自然之友”，希望他们能帮忙把呼吁保护原始森林和滇金丝猴的求援信转交到中央。于是，在当年的全国政治协商会议上，作为政协委员，梁从诫将这一信件递交给中央。与此同时，另外一位关心环境问题的朋友也通过自己的渠道将信件递交给中央领导。短时间内，数家媒体对此进行了报道，一时形成强大的舆论。中央领导作出批示，制止砍伐这片原始森林，滇金丝猴最后的栖息地终于保存下来。

随着人们环境意识的逐步提高，环境保护问题越来越引起社会关注。长江漂流探险队的队员杨欣在长年漂流生涯中发现，长江源头的生态环境正急剧恶化，特别是青藏高原特有的野生动物藏羚羊面临灭绝的危险。而早已被国际公约列为严禁贸易物种的藏羚羊绒制品在国际市场上却十分走俏。面对这一严重问题，梁从诫等民间环保人士决定开始为保护藏羚羊做点力所能及的事情。英国前首相布莱尔1998年10月6日访华，梁从诫有幸受邀参加首相与民间人士的见面会。于是，他以“自然之友”会长的身份给首相写信，并借这个见面机会将信亲手递交给布莱尔，请求他设法制止英国的藏羚羊绒制品的非法贸易。他在信中这样写道:“我请求您，运用您个人在国内和在你们的欧洲同伴中的影响，和他们一道来防止这种珍稀动物的灭绝。”第二天，首相给他回信:“我一定会把你的要求转告联合王国和欧洲联盟的环境主管当局，我希望将有可能终止这种非法贸易。”在国内，民众对藏羚羊命运的关注也在一定程度上更加推动了全社会对这一问题的关注。不久，国家林业局在青海、西藏、新疆开展反盗猎的“可可西里一号”行动。

梁从诫认为，作为一个民间环保组织，“自然之友”所能做的，就是帮助政府进行环境保护理念的宣传教育，提高民众的环境保护意识。他们的活动也主要是围绕着这一目标开展的。他们开展“绿色希望行动”，派志愿者给青少年进行环境教育，通过游戏的方式，让他们在参与式的教学中接受环境保护的理念。他们还给中小学老师进行环境保护教育的培训。有一次；他们在舟山群岛给当地的中小学老师上课，最后一项活动是和老师一起到小镇上捡垃圾。事后有一位老师跟梁从诫说了这样一句话：“我在没捡之前觉得我们的小镇还是不错的，可是捡完之后才发现它有多脏。”这时，梁从诫非常高兴：他有了这样的认识，活动效果不就产生了吗？

一直以来，梁从诫和妻子都过着一种非常简单的生活。平时出门，他们都习惯骑自行车，既方便，又锻炼身体，也不会带来污染。现在，他生活中最大的开销就是听音乐会、买好书、DVD、CD等。当时看完电影《泰坦尼克号》，他对夫人说：“我们这个地球就像泰坦尼克号，每个人有每个人的活法，在不同等级的船舱里，喜怒哀乐，热热闹闹。但是没有多少人知道这条船快要撞到冰山上了。一旦撞到冰山上，所有人的命运都是一样的。”所以，人类必须同心协力来保护我们共同的唯一家园。

后盾：政府的支持、民众的关注

如果光靠民间环保组织的力量，为保护环境而战决不是一件容易的事，政府的支持是他们强有力的后盾。现在，中国的民间环保组织已经开始参与政策决策以及一些政府行为，“自然之友”常受邀参与诸如《能源法》和《水污染防治法》等环境法律法规的立法与修订座谈会。2005年，“绿色流域”、“绿色家园”和“自然之友”等民间环保组织针对怒江梯级水电开发，多渠道向各级政府和中央提出了合理化建议，最终达成了怒江开发要充分论证的共识。同年，中华环保联合会在全国范围内开展了公开征集公众对国家“十一五”环保规划意见和建议，有470多万名公众参与，提出了9个方面27条建议，得到了国务院、国家环保总局和有关部委的充分肯定……目前，中国已有近3000个民间环保组织，有学者认为，环保领域已成为中国非政府组织中最活跃的领域。

自从北京“申奥”成功后，为迎接2008年北京奥运会，中国人对环境问题的关注提到了一个新的高度。机动车污染问题日益受到人们的关注，通过政府和民间环保组织的广泛宣传，“绿色出行”、“少开一天车”的环保理念在北京已经深入人心。每年的“世界环境日”、“无车日”，很多公司的员工都会响应号召，放弃私家车，乘地铁、公交车、骑自行车、步行上下班，有的公司还发放交通IC卡鼓励员工绿色出行。2007年是“北京绿色奥运绿色行动宣讲团”成立以来宣讲场次最多、范围最广、影响最大的一年，全年共宣讲350场，直接受众达10万多人。植树活动是这些年来一直重点进行的绿化项目，北京承诺的绿色奥运的七项绿化指标在2007年底全部兑现。2008年，“自然之友”再次启动“全球变暖，人人买单——迎奥运2008棵真心”植树活动，为公众免费提供2008棵树苗，种植在北京门头沟斋堂镇龙门口村，以鼓励更多人参与植树活动，宣传减排，减缓全球变暖。

梁从诫说，自己已经老了，但是，看着越来越多的年轻人积极投身环保事业，他很欣慰，他看到一个绿色的中国。

一辈子做医生

李 伶

1978年：四川省开县人民医院助理医师
2008年：重庆市开县人民医院主任医师，
湖北民族学院医学院兼职教授

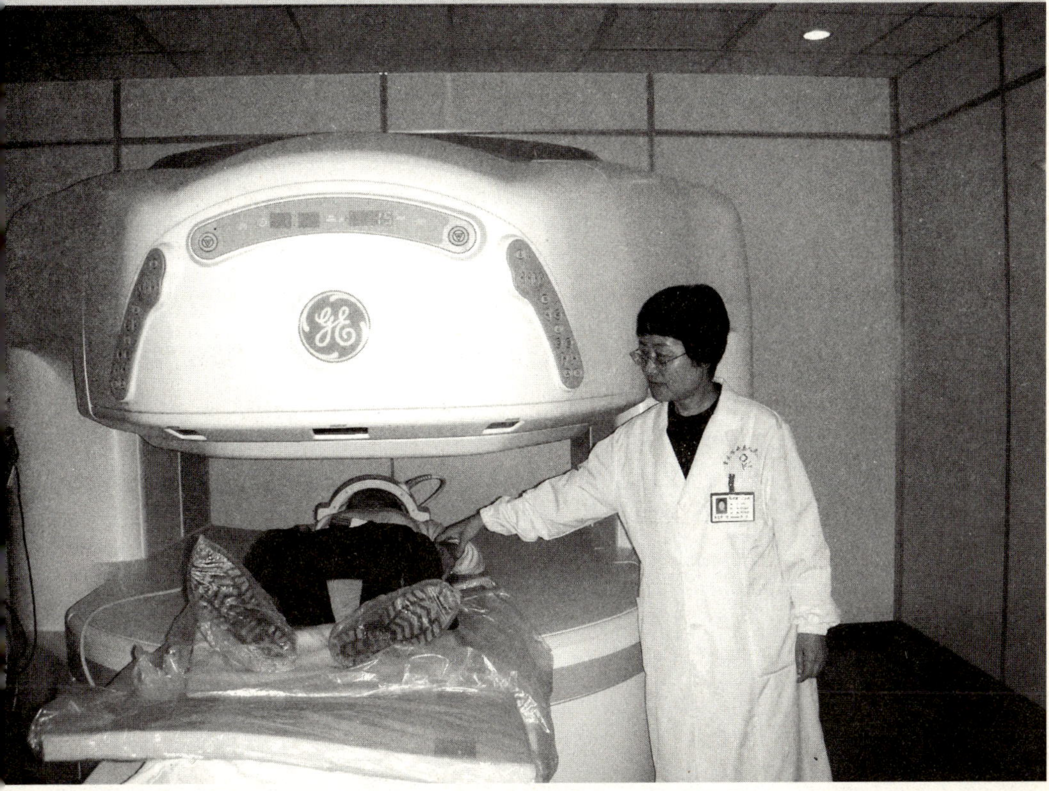

李伶大学毕业时，正是中国改革开放的第一年。本可留校的她响应“把医疗卫生工作的重点放在基层”的号召，回到县医院当医生。在其后的30年，她一直就在县城北郊的医院工作。直到2008年，县城因为三峡工程建设，成为库区，面临淹没，李伶随着医院和整个县城搬迁至新城。

第一个病人，治好了却没能确诊

当年的县医院只有20多名医生，设有门诊、内科、传染科和外妇科四个临床科室。因为缺少医生，刚报到一个星期，李伶就被领导安排单独值班。她收治的第一个病人心跳快而乱、眼球突出、甲状腺增大、烦躁不安。根据大学所学专业知识，应该通过基础代谢检测确诊甲亢。当她把这个想法告诉老医生时，老医生告诉她，医院里只能做肝功能、尿常规和摄片等少数几项辅助检查，很多疾病都只能通过经验的积累来诊断和治疗。在老医生的指导下，一个星期后病人好转出院。李伶把病人送出医院，心里却在嘀咕：读了几年大学，居然连把病人的病治好了都不能确诊患的什么病。她完全没有想到基层医院的条件如此差，要当一名好医生，只能通过不断积累临床经验。

当年的爱情，平淡而幸福

刚进单位两年，同事兼邻居的姜阿姨科室分配来了一位重庆医科学院毕业的大学生。姜阿姨觉得李伶年纪也不小了，应该考虑婚姻问题了，就给李家做媒。母亲老唐这天扮成病人找到小伙子做检查，觉得这个男孩长得帅气，又本分好学，印象特别好。找了一个两个年轻人都轮班休息的一天，老唐包了一大锅肉包子，请小伙子到家，两个年轻人在一起吃了顿晚饭。男孩胃口很好，一下子吃了8个，吃完还帮着打扫屋子，老人特别喜欢。半个月后这件事就算定下来了。但是临近国庆，实在倒不开班，两个年轻人便从单位取了户口页交给姜阿姨，姜阿姨替他们到县民政科领了结婚证。当姜阿姨把结婚证送到新人手里时送了两张崭新的一元钞票，祝贺两人能和和美美，这是他们收到的同事中最大的红包。

婚礼是依照丈夫家的习俗办的。公公是早年的村支书，乡里乡亲关系处得很好，迎亲的队伍排了好几百米，吹唢呐的、放鞭炮的，好不热闹。三年前，山沟里出了第一个大学生，三年后又娶回来了大学生儿媳，而且岳父还是在县里当官的，邻村的也来了不少人来祝贺。邻居们已经张罗好了酒席，一路排开20多桌。闹完洞房，公公婆婆叫来媳妇，塞给她100元，算是彩礼。三天婚假之后，新人回到医院，没有再办婚礼，背了一背篓花生、瓜子、香烟和水果糖，每个科室送了一大包，喜气洋洋。

从助理医师到主任医师

1982年，国家要选拔一批“四化”人才当领导干部，李伶当选为最年轻的县委委员，组织推荐她进县常委。离休多年的父亲坚决不同意女儿重复他走的路，对李伶说：“做一名好医生，掌握一门技术，实实在在地为病人解决一点疾苦，一辈子受人尊敬！”父亲的话也正是李伶心里所想的，她选择继续做医生。开完县党代会，李伶就到重庆医学院进修一年。临走时，孩子还不到一岁，呀呀学语，不会走路。当时县城买不到适合婴儿听的幼教磁带，她就用普通话自己讲童话，唱儿歌，录到录音机里，让丈夫每天放给儿子听。进修回来，儿子躲到爸爸身后问:“那位阿姨是谁？”爸爸说：“那就是妈妈呀!”儿子不肯让妈妈抱，直到听到妈妈说话的声音和录音机里的一样，才叫“妈妈”，李伶当时泪流满面。

1984 年，李伶被任命为县人民医院副院长，但一直没有离开临床岗位。1998 年，因业务需要，组织要调她到县卫生局任副局长，她向组织提出的唯一要求就是要保留自己的医师执业资格。一年后，她还是放不下那些找到卫生局请她看病的病人，回到了人民医院负责业务工作。如今，李伶的行政职位和 24 年前还是一样，但技术职称一步步从助理医师晋升到了主任医师。

2003年12月，开县发生了震惊世界的“井喷”事件，日产天然气百万立方米的天然气矿断裂，高浓硫化氢的扩散威胁着附近 10 万居民的生命安全，中毒身亡人数激增。凌晨 2 点，接到抢险指挥部命令后，李伶连夜赶制应急方案。全国的基层医院此前都没遇到过如此大规模的群体性中毒事件，毫无经验可寻。图书馆关门了，她只好就近咨询中学化学老师分析中毒原因，丈夫帮她翻开新近的大学教材寻找理论依据，凭借着 20 多年经验积累形成的救治方案凌晨 5 点就送到了前线。按照治疗方案的第一条——找来毛巾，用肥皂水或清水沾湿贴在鼻前——数以万计的病人逃出灾区、涌进医院。药房库存告急，她就开出方子，医院自己配制药品送往灾区卫生院；病床告急，她联系在县政府会堂和学校铺开床位；医护人员告急，她就培训医院的护工进行简单的专业护理……

到 12 月底，凡是被医生救治的患者无一例死亡，前来视察的中央领导问她有什么要求，她说全国基层医院的硬件水平太差，应该加强处理公共卫生突发事件的能力，卫生部副部长感叹到，要是全国每个县都有一个“李伶”就好了。卫生部和市领导立刻决定给予专项补助，在接下来的几年，全国基层医院和应急救助的投入也大大增加。

“三峡工程让县城跨越了50年”

2006年，开县县城遭遇百年未遇的洪灾，李伶又被县里任命为医疗救治总指挥，洪水退去，病人出院，李伶轻松了许多。因为，县城就要搬到5公里外的高地，这场洪灾对于千年古城来说也许并非空前，但一定是绝后的了。而新城建在高地上，加上下游三峡电站的防洪泻洪调节，新城再也不会遇到这样的洪灾了。

说到新城，还得追溯到1992年。这年，国家决定在下游200多公里的地方建设三峡电站，老城和处于海拔175米以下的其他两座城市、18个县城和268个乡镇将淹没于水下，李伶和其他113万移民将离开生活多年的老家。从1996年开始，所有库区居民分四批开始了被称为“当前世界上最大规模的有组织人口迁徙”的百万大移民。他们有些被整村整社地迁往发达地区继续务农，李伶丈夫家的亲戚就迁到了上海市的崇明岛；有些被鼓励通过考学和应聘到大城市工作，李伶的儿子在高考时享受到了加分，考到了北京；而更多的是像李伶这样，就近搬迁到新家。

2008年的元旦，李伶和丈夫住进了新家。尽管新家处于新城的中心，但不像在旧城时靠步行作为出行方式那么方便，于是，家里新添置了一辆小汽车。从旧城到新城只有几公里，城市变大了、马路变宽了、楼房变高了、城市干净了，生活质量有了明显的提高。但李伶感觉最大的变化还是生活方式，打扫屋子要用吸尘器、溜狗时要带塑料袋、过街时要看红绿灯、月底时要交物业费，在旧城这些都是用不着的。一个月后，李伶还总觉得新家太陌生，因为旧城的小镇生活很悠闲。“改变”对于50多岁的人来说，仿佛影响总是很漫长，更何况是生活环境。不过，李伶也会骄傲地给外地的朋友介绍:“新城很好，三峡工程让县城跨越了50年。”

2008年2月12日，开县人民医院在新址落成。医院按三级综合性医院标准建设，占地118亩，建筑面积6.5万平方米，辖42个科室，可开放病床750张。如今的开县人民医院购置了海扶刀、伽玛刀等医疗设施，磁共振、多层螺旋CT等辅助检查设备，修建了无菌层流手术室、ICU、KCU等专业病房。原先要到省会和首都才有的医疗服务如今在县城就能享受到了。这天，李伶和丈夫特别兴奋，在新医院的主楼前合影，留个纪念——为这30年他们所经历的巨变。不变的是，他们依然是这里的医生。

在旅游与航空的交点起飞

王正华 | 1978年：上海市长宁区遵义街道党委副书记
2008年：春秋集团及下属航空公司和旅行社董事长

放弃“铁饭碗”，创办旅行社

上世纪70年代末80年代初的中国，大量的返城知青找不到合适的工作，一时间，这种“待业青年”现象成为一种社会问题。此时的王正华，已是上海长宁区遵义街道分管经济的党委副书记，为解决街道待业青年的工作问题，他研究出了很多个在他看来有前途的行业，最终确定了办旅游公司。公司的招聘告示贴出来了，每人收取报名费 1 元，两天就有 1600 多人报名。王正华从中挑选出了 30 多人进行培训，请来的老师都是过去曾经从事旅游行业的专业人士，有的甚至是解放前的业内人士，被录取的人每人收培训费40元。这不到 3000 元的收费就成了今天春秋集团最初的家底。

创办旅行社就意味着要放弃公务员的“铁饭碗”，同事们纷纷阻止，为了这事，夫妻俩僵持了近两个月。终于有一天，妻子走到王正华身边，对他说:“我想好了，你去吧，干不成我还是在你身边，没有工资我养活你，只吃咸菜和稀饭我也养着你……”直到如今，王正华回忆起妻子的这番话，仍难以抑制有些激动。近 30 年来，尽管作为企业老总，王正华始终坚持在工作一线，他每天起得很早，但妻子总要比他起得更早，就为了亲自给他准备早饭，因为一天之中王正华在家吃的也许就只有这顿早饭了。

改革开放之初，中国贫穷落后，很少有人有钱拿出来旅游。1978年以前，中国的旅游业还局限于“入境接待”，国内旅游没有发展基础。上海是走在改革开放前列的那批城市之一，80年代初，有一些来上海开会的人，在办完事后会被集体组织到城区和周边城市走走，当时的旅行社通常关注的都是这样的团队生意，自费参加旅游的散客数量非常有限。为了把旅行社做好，王正华到处找资料。80 年代初期，国内很少有人研究旅游，听说杭州大学开设了旅游方面的课程，他托人找了一本杭州大学内部翻译油印的教材，并如获至宝般日夜研读。按照教材提到的欧美国家的旅游企业的做法，王正华确定了立足散客的经营策略，开始寻找“闲钱、闲时、闲情”之人聚集的地方。经过反复比较，他看中了上海大世界附近的一个店面，那里不仅地处闹市，更是来沪人员必经之地，一排店铺完全可以形成旅行社集中地，方便潜在客户“货比三家”。事实印证了王正华当时的想法，这里的店面开张一个月就开始盈利，业务远超过了总部——所谓总部，其实就是在中山公园里租用的一个两平方米的亭子。王正华到现在都在秉承从那本教材中学来的原则——“企业应按照市场的要求去做”。应该说，春秋旅行社在后来20 多年之所以能顺利发展，这本教材对王正华的影响功不可没。

春秋航空：低成本起飞

到 1994 年，春秋旅行社坐上了国内旅游全国第一的位置，而且至今都没有让位。这时，王正华考虑的是如何拓展新业务。迫于“民营企业”的身份，当时的春秋旅行社只能经营中国公民在境内的旅游业务，王正华希望也能够经营外国人、华侨、港澳台胞的旅游业务，但一直无法取得授权。更广阔的市场在哪里？他再次研究起了国外旅行社的发展模式，选择了旅游和航空的结合。

1997 年，他破天荒地包下了一架飞机整整一年的经营权。解决了国内旅行社普遍受制于机票供应的瓶颈后，春秋旅行社的成本大大下降，线路安排也方便了许多。从1997年到2004年，他包了将近三万个航次的飞机。2004年，中国民航业决定破除垄断，允许民营企业创办航空公司。听到这个消息，王正华的胃口大了，他要建自己的低成本航空公司。

在中国，有很多航空公司办旅行社，但还没有旅行社办航空公司的，因为航空公司的大投入、高风险是靠微小利润度日的旅行社无法承受的。董事会上，当王正华把想办航空公司的议案拿出来讨论时，他希望通过各种理由说服与会的董事，无奈最终还是一片反对。身为董事长的王正华第一次，也是唯一一次推翻了董事会的决议。他相信，凡是自掏腰包的游客，百分之八九十都愿意选择既安全又低廉的飞机；他相信，符合世界大潮流的低成本航空与旅游的结合完全符合中国市场的需要；他相信，中国民航业破除垄断这一利好政策不抢先用好，市场机遇转瞬即逝。2005年7月18日，王正华的春秋航空公司的第一架飞机刺破封冻多年的民航体制坚冰，冲上蓝天。就在这一天，国家旅游局把春秋旅游定位为中国最大的九个旅游集团之一。因为“入世”，国家对于民营旅行社的态度也有所转变，这时的春秋旅行社不但可以经营入境业务，还被授权特许经营中国公民的出境业务。王正华把后者作为春秋第一次创业的里程碑，把前者作为春秋第二次创业的开始。

王正华有钱办航空公司，并不是因为他的富，而是因为他的省。早年办旅行社的时候，挣到的钱除了应付日常的公司运作和人力开支，全都省下来。攒到够开新店了，就开新店。从那个两平方米的总部起步，春秋在上海有50个连锁店，并设有境内34家、境外7家全资子公司。有一次王正华受邀去英国航空访问，同行的同事建议他着装讲究一些，免得丢脸，王正华则坚持普通装束，还和同行人员一起乘地铁前往。到了晚上没找到合适的地方落脚，王正华就和同事住进了一家印度人开的酒店的地下室，地下室没有桌子、椅子，王正华就坐在皮包上打开电脑和国内联系。

王正华省钱办起来的航空公司瞄准的是省钱的人。为了实现“要让更多的老百姓能够坐得起飞机”的目标，王正华把省钱做到了“极致”。为了节省停机费，春秋的飞机尽量绕开设施豪华的机场，选择距离候机楼较远的停机位，甚至直接租用简陋的“低成本候机楼”；为了防止机上餐食的浪费，春秋机上不提供免费餐食；为了减少机重降低油耗，春秋鼓励乘客使用轻便行李；为了降低机票的制作成本，春秋的特价机票只支持在线支付、短信通知。为了节约，他率先垂范，他办公室的每一张A4纸都是双面使用。他这样做就是要把节省下来的每一分钱都用到降低票价上来。但美好的愿望往往很难成为现实，偏见和质疑一直就没有停止过。有人抱怨飞机的延迟时间太长，有人抱怨机上的服务过于单一，更有人对春秋提出苛刻的索赔要求，否则“霸机不走”。传统的航空公司也不堪春秋廉价航空在价格上的“扰局”，一时间王正华成为众矢之的。同时，春秋航空在2005年12月份出现了亏损，但已过花甲之年的王正华还是倔强地认为飞机能飞入寻常百姓家。

为了减少公众对春秋航空的误解，老王在网上开启了博客。与一些名人请人开博不同，上面的字字句句都是老王自己写的。他运用这种最省钱、最直观的网络平台一手普及廉价航空的全新理念，一手化解扑面而来的各种抱怨和责难。春秋航空就这样在王正华的苦苦推动下一次次起飞。

毕竟岁月不饶人，已是老人的王正华希望能让儿子在航空事业上为自己出出力。

儿子长大了，王正华总是希望他能出国学习，看看西方国家的生活、工作模式，但是儿子就是不想出国。为了让孩子能成行，在他一再坚持下，儿子才终于答应去美国看一看。到了签证时，签证官问他为什么要去美国，儿子说他不愿意去，但爸爸非让他去不可，一席话把签证官都逗笑了，儿子竟因此顺利地拿到了很难获得的美国签证。为了锻炼儿子，这次出国王正华只给了孩子2万元盘缠。儿子在美国给温州人打工，还在赌场打零工，7年里拿了两个硕士文凭，带了2万美元回到了中国。王正华这才放心，把儿子聘到春秋集团当副总。

王正华年轻时就养成了打太极拳的习惯，30 多年来从未间断过。虽然很多人认为太极拳是老人的运动，但王正华心里明白，这种柔重于刚的运动不仅锻炼了身体，而且帮他领悟着人生。即使现在的工作再忙，他也要在早上抽出一点时间来打太极拳。他说，总是觉得时间过得太快，春秋航空公司才刚刚建立起来，还有那么多的事情要处理，但自己却已经是一个老头子了，所以健康对自己真的很重要，再忙也得坚持打太极拳……

要壶不要命

沙志明 | 1978 年：狱中服刑
2008 年：退休老人

2003 年 1 月 1 日，中国第一座园林式紫砂艺术陈列馆在古城南京市开馆。这座位于该市南捕厅 19 号的陈列馆陈列着 182 件明清以来的紫砂珍品，其中有时大彬、陈鸣远、邵大亨、杨彭年、俞国良等诸多紫砂制作高手的名作，有些还是世上仅见的绝品。一时间，紫砂陈列馆吸引了众多目光，中外游客、学者以及政府各级领导纷至沓来，赞叹之声不绝于耳。这 1000 余件紫砂精品的主人，便是时年 72 岁的民间收藏家沙志明。

提起沙志明，上了点岁数的老南京人大都知晓其人。早在上世纪50年代，他就在体育界崭露头角。他自幼习武，尤其喜爱举重。1959年，他参加江苏省人民体育运动大会，一举夺得举重比赛重量级冠军。原本可以在体育道路上走下去，但就在他夺冠后不久，中国遭受三年自然灾害，进入困难时期，体训队被迫解散，于是，他又回到街道工厂当一名工人。1970年，沙志明含冤入狱。在他入狱期间，5岁的小女儿不慎溺水而死，妻子也划清界限离他而去，这场冤案使他妻离子散、家破人亡。1979 年 1 月 23 日，沙志明得以平反。出狱后他已是孑然一身，将所有的热情都投入到了紫砂器的收藏之中。

他与紫砂：如妻如子，亦师亦友

紫砂器属陶器的一种，质地紧密，可塑性强，烧制后的成品有大量气孔，吸附性强，储藏茶叶可保长期不走味，泡茶能驻留茶香。中国历史上有许多知识分子参与紫砂壶的设计及制作，使紫砂壶集造型、诗词、书法、绘画、篆刻、雕刻于一体，逐渐发展成为一种独特的紫砂文化，具有实用、把玩和收藏的价值。

20世纪70年代末80年代初，中国进入改革开放时期。当时，在香港、台湾等地，紫砂收藏的热潮已渐渐兴起，大陆信息较为闭塞，许多人还不了解紫砂的收藏价值。沙志明是回民，回民因大量食用牛羊肉而喜爱喝茶，沙志明自幼受家庭的影响，由喜爱喝茶而喜爱紫砂茶具。加之家境富裕，交游广阔，在60年代以前便收藏了一批紫砂精品。可惜在入狱后，收藏有所损毁。1979年，沙志明所在的街道工厂为了搞活经济，委派他做供销员，到全国各地联系业务。这给他搜集紫砂器提供了极大的便利。

有一次，他出差山西为工厂购买配件，偶然听说榆次有一户人家有紫砂壶。他登门寻访，果然发现了一把清代的蓝釉汉方壶，壶身以白釉书写词文，书法飘逸而潇洒，工艺简洁而精致，是一件绝妙的紫砂茗器。那家人开价就要6000元。当时，沙志明一个月工资只有48元。经过讨价还价，最后降到3000元。带的钱不够，沙志明二话不说，交了定金返程回家，将祖屋变卖了一部分，二次北上，抱回了那把汉方壶。

沙志明为收藏紫砂壶不惜变卖家产的故事在圈内传开后，有人向他透露，东北有户人家是清朝贵族后裔，家中有把皇宫里的御用壶。他听说后，立即起程赶赴东北。这一次，他看见的是一把黑地龙纹汉方壶，是清代制壶名家朱方熙的作品。壶身黑油油的底色上，一条飞龙自云端俯身而下，张牙舞爪，龙眼暴睁，神态凛然。壶身下方描画着福山寿海，壶口装饰黄釉如意，整个壶体端正大气，可以断定是当时贡品中的精品。这种低温彩釉的壶在当时制作数量就少，流传至今的更加罕见。沙志明得了这个宝贝，欣喜若狂，抱着壶就回南京。当时铁路运输还不发达，车次少，车速慢，乘客挤满了车厢。他怕壶有什么闪失，便脱下棉大衣，把壶包裹好，一路抱在怀中。11月的东北，滴水成冰，他被冻得伤风感冒，引发胆囊炎，回到南京就大病一场。儿子心疼地责备他：要壶不要命啊！

作为一位民间收藏家，沙志明以顽强的毅力搜寻紫砂珍品，古玩老店、文物商贩、流动摊点、深巷旧宅……无不留下他的足迹。生活上他总是省吃俭用，可买起藏品来却是倾其所有。而他收藏的目的，只为传承，不为渔利。至今，他没有向任何人出售过一件自己的藏品。上海有一位著名画家，也是紫砂收藏家，一次，他看见了沙志明收藏的一把茄式壶，十分喜爱，愿以自己的两幅画换他的一把壶，结果被沙志明婉言谢绝。著名画家、江苏省国画院副院长亚明常与沙志明切磋壶艺，称沙志明为“壶痴”。自此，“壶痴”这一雅号便流传开来。沙志明将紫砂壶与自己的关系形容为：如妻如子，亦师亦友。

他在传承：紫砂文化，紫砂之美

多年的收藏，使沙志明的藏品日益丰富，同时，也将他推上了紫砂鉴赏和收藏专家的地位，逐渐为收藏界熟知。为了弘扬民族传统文化，向世人展示紫砂艺术的精髓，介绍自己的收藏经验，他开始在报刊杂志上开设专栏、编写专著、到大学讲课，通过各种途径介绍紫砂收藏知识。1996 年 3 月，他编写的《中国紫砂》一书出版，1997年12月，他主编的《中国明清紫砂精粹》出版，这本书汇集了他的紫砂收藏中的精品，以中、英、日三种文字作图解，极具文化和美学价值，为紫砂文化的研究提供了范本。

与一些收藏家将藏品秘不示人不同，沙志明希望他的藏品能公示于众，让大家都来了解紫砂文化和紫砂之美。20 世纪 90 年代，他家的面积不大，但爱壶如命的他在最大的一间卧室内打上博古架，展陈紫砂，自己却睡在狭窄的过道中。家人对此颇有意见，他却乐在其中。他家既是陈列室，也是研究室，房间里常常高朋满座，畅谈壶艺。

1989年，南京市政府为了保护文化遗产，开展传统文化研究，决定筹建南京民俗博物馆。1992 年，南京民俗博物馆在南捕厅 19 号正式挂牌。这里原是著名学者甘熙的故居，是一座三路五进的大宅，有大小房间300余间。2002年，故居全面修复，恢复了一百多年前的原貌。沙志明受政府邀请，在南京民俗博物馆中展陈他的藏品。走进砖雕门高耸的甘熙故居，穿过一个个精致的天井，来到雕梁画栋的紫砂陈列馆，只见一件件紫砂器错落有致地安放在展柜之中，异彩纷呈，那古朴典雅的造型，与环境幽静的古宅相得益彰，使人感受到传统文化的博大与精深。沙志明常常在紫砂陈列馆中接待慕名而来的中外游客和学者，讲述紫砂的发展历史，还有那些说不尽的人与壶的故事。2004 年，一位名叫 patrice 的法国人不远万里来到紫砂馆参观交流，原来他也是一位紫砂收藏家，他收藏了大量的紫砂外销壶。Patrice对沙志明的收藏敬羡不已，回国后，特地向沙志明寄赠了他编著的《销往欧洲的宜兴茶壶》一书。

他的晚年：早上“皮包水”，下午“水包皮”

沙志明的晚年生活过得幸福而和谐。1988 年，他成了一名普通的退休工人。1989年，他再婚，老伴何秀珍也是一名工人，老两口相依相伴，共享天伦之乐。如今，儿女们都长大了，个个事业有成。儿子沙小明经营着一家印务公司，女儿也在经商。沙志明每月有1000多元退休工资，儿女们每年孝敬他数万元的零花钱。退休后的沙志明过着早上“皮包水”（喝茶），下午“水包皮”（泡澡）的生活。每个星期到京剧之友社活动一次，唱唱戏，拉拉胡琴；闲来无事，写写书法、会会朋友，老年生活过得丰富多彩。舒心的生活，使他身体健康、心情愉快，77岁走起路来依然健步如飞，谈话风趣幽默、思维敏捷。

生活安逸，但沙志明传承紫砂文化之志没有动摇。如今，他退而不休，还担任了许多社会职务：南京民俗博物馆紫砂艺术顾问，南京农业大学人文学院兼职教授，中国古陶瓷研究会会员，中国收藏家协会会员，江苏收藏家协会顾问，《石狮日报》特约撰稿，南京职工京剧之友会艺术顾问……

他说：一个人，活着就要做事，做好事，做善事，这样才算真正的做人。

起于承包，归于平静

马胜利 | 1978 年：河北省石家庄造纸厂技术员
2008 年：原石家庄造纸厂退休职工

一人救活一个厂

河北省石家庄造纸厂这家国营厂的经营在1984年已经难以为继，酝酿着找个能人来承包。谁愿意一年交厂里17万，谁就来当这个厂长。此时，中国的改革浪潮逐渐从农村转到城市，不仅包括工业、商业、科技、教育等，各行各业都在内。

赢利17万对于这个入不敷出的国营厂来说绝对不是小数目，短暂的沉寂之后，销售科长马胜利跳出来说："不是没有人敢接这17万吗？我接，我要把这17万倒个个儿，保证今年完成70万，还要让工人工资翻番。达不到目标，甘愿受法律制裁。"一年以70万之巨的利润上缴国家，在当时的确骇人听闻，有人以为是开玩笑，更多的人认为马胜利是在"吹大牛"。

马胜利如愿以偿承包下了石家庄造纸厂，他在厂门口竖起个1.5米高的大牌子，上写"厂长马胜利"。马胜利也兑现了承诺，承包第一年就为厂里盈利140万元。媒体在改革开放之初营造的轰动效应显示出来，新华社的通讯《时刻想着国家和人民利益的好厂长马胜利》被全国各大党报刊载后，河北本地和邻近的省份还展开了轰轰烈烈的"向马胜利同志学习"的活动。"打破铁饭碗、打破铁工资"的先行观念、"层层承包、责任到人"的前卫做法令人耳目一新。承包企业，马胜利可不是头一份，在他的前面已经有了"上不封顶、下不保底"的步鑫生、有搞内部职工入股的鲁冠球等人。

而一年完成利润140万却是让马胜利有了“中国承包国企第一人”之称。

地毯式的承包

原先，在国营企业里实行党的一元化领导，后来改了，叫党委领导下的厂长负责制。再后来，党政分开了，实行厂长负责制，党委这个战斗堡垒变成监督保障机构。1986年12月，国务院提出要“推行多种形式的经营承包责任制，给经营者以充分的经营自主权”。这被解读为中央决策层从政策上肯定和鼓励国营企业进行承包。在1987年中期至年底掀起的第二轮企业承包高潮中，全国预算内全民所有制企业有78%实行了承包制。那时候有一句话:“一个能人救活一个厂。”承包制下，厂长对于一个企业的作用变得更加重要了。马胜利相信自己是一个能人，他认为自己能救活工厂，但不是一个厂，而是一百个厂。两年间，马胜利开始“放眼全国”，在全国20个省的造纸企业中进行地毯式的承包，他要把石家庄造纸厂的成功模式复制到100个造纸厂。

那是在马胜利的全盛时期，他在全国各地做600多场演讲，宣扬他“一包就活”和“一包就灵”的光辉历程。一篇文章在描写当时他演讲的情景时用了如下文字：他谈笑风生，话语幽默而又风趣，会场内外鸦雀无声，听得人们如痴如醉，长达三个小时的报告，竟无一人走动，有人憋着尿也不去厕所。他不光说，而且做。一连签订了数十份承包协定，有时候刚谈一个小时他就在承包协议上签上字。马胜利闪电般的胜利强化了他“能人”的形象，几乎没有人怀疑他的能力，各种荣誉头衔接踵而至：中共十三大代表、全国劳动模范、中国优秀企业家、中青年有突出贡献专家、“全国五一劳动奖章”当时唯一的两次获得者。

1988 年 1 月 19 日，“中国马胜利造纸集团”成立了，这是极少有的以“中国”冠名的民营集团。出席成立大会的市长发言说：马胜利是人不是神。“中国马胜利造纸集团”果然承包到100个厂，他一人担任100家分厂的法人代表，而且经营效益很不错，马胜利造就了个中国造纸大托拉斯。这年，马胜利入选首届“全国优秀企业家”。媒体当时称，这标志着新中国从此有了企业家这一概念，入选的 20 位企业家组建了中国的第一支改革“敢死队”。

低调隐退

然而好景不长。1988 年 7 月 30 日，《贵州日报》在头版位置发表了大块通讯《马胜利承包贵阳造纸厂处境艰难》。高调的马胜利闻讯后勃然大怒，他认为《贵州日报》的报道不真实，不全面，是干扰深化改革，并以《贵州日报》破坏他的声誉、影响他的工作的理由，宣布终止与贵阳造纸厂的承包合同。一个月后的《人民日报》发表了题为《由马胜利失利想到的》署名文章。对此，马胜利难以抑制内心的愤怒，第二天即写下了一份措辞极其尖锐激烈的辞职声明。三天后，马胜利只身来到北京，他旋风般走遍了国家经济委员会、国家体制改革委员会、《人民日报》、《工人日报》等20余家国家机关和新闻单位，散发他的“辞职声明”。9月初，北京的几家报纸报道了马胜利准备辞职的消息，并刊登了马胜利辞职声明的全文。在此后，马胜利的石家庄市人大代表落选；在市政府优秀企业家表彰名单上，不见了他的名字。他的下坡速度和上坡速度几乎一样快。

1991 年 5 月，马胜利造纸企业集团解散。1995 年石家庄造纸厂资不抵债申请破产，当时 56 岁的马胜利被强行免职退休——这年离法定退休年龄还有4年。1997年，破产企业石家庄造纸厂被朝阳企业集团公司接收，同时接收的，还有864名原造纸厂职工。这 864 名职工，有的后来被历次接手的不同公司以几万多元买断工龄，有的每逢年底都要面临一次结束合同的商议，现在还留在工厂原址上班的只有 100 多人了。

2004 年，同为当年获得“全国优秀企业家”称号的冯根生邀请另外 19 个首届“优秀企业家”到杭州举办“西湖论剑”的研讨会。当年的 20 人只有半数到场，仍然活跃在企业领导岗位的，除了冯根生就只有青岛双星集团的汪海。大会组织者特地为这些当年企业改革的前沿人物制作了一部故事短片，其中介绍到：马胜利在事业当红之年被强令退休，从驰骋商海的“马承包”到被免职回家，135元的工资拿了好多年。马胜利一度困顿到以卖包子维持生计，巨大的落差使这位情感激烈的汉子痛哭失声。汪海当场决定请马胜利出山，任双星集团公司副总经理兼双星马胜利纸业有限责任公司总经理。

复出，已不是当年

十年风光，十年隐退。马胜利再次复出承包造纸厂，但时代早已变迁，他当年擅长的“承包”模式包盈不包亏、短期效益，早已退出舞台了。后来流行的是现代企业制度，再后来是股份制资本重组。65 岁的马胜利希望自己的复出能够重塑当年事业的辉煌，而以运动鞋出名的青岛双星集团，则希望借这位改革英雄的出山顺利进入造纸业，使集团在两三年内扩充成收入过百亿的中国制造大船。经过几次交流后，双星和马胜利双方最后确定由双星出资造纸厂，再次实行承包责任制，马胜利负责人财物、产供销，自主经营、自负盈亏，在保值增值的基础上，利润分成，如果亏损就免职。

与20年前的承包相比，这次承包有了不同的背景与内涵。今天的马胜利必须面对与20年前完全不同的市场环境，承担更多的风险。当年马胜利承包造纸厂，工厂赢利，只得到了一大堆奖状和按照级别发给厂长的工资；但这次承包，如果企业赢利一个亿，他能得到5000万。老马会因为自己取得的成绩成为一个名副其实的富翁，而不会再像当初被免职后厂长级别的工资和国务院津贴一律收回，生计都成为问题。但是承包失败带来的后果也是显而易见的。当年做大集团失败，亏损最后都由国家承担了，但是这次他要用自己和孩子的房产作价30万作为抵押，如果承包失败，就会无家可归。踌躇满志的马胜利壮心不已地对媒体称一定抓住人生最后的机会拼一把，他乐观地对自己承诺5年以后成为“亿万富翁”。但此后不久，他与双星的关系无疾而终，个中原委很少有人知道。但两次承包的时代背景的确不一样了。

在回忆录《风雨马胜利》中，马胜利将个性张扬、个人英雄主义归结为自己失败的原因。今天的马胜利居住在河北省石家庄市栗新社区一个1997年建成的居民区中。很多外地客商也居住在这里，不少还经营着双星生产的各种鞋。邻居们都知道，这里住着当年叱咤风云的马胜利。

游走于东西方音乐之间

谭 盾 | 1978年：从湖南京剧团考取中央音乐学院
2008年：世界著名作曲家

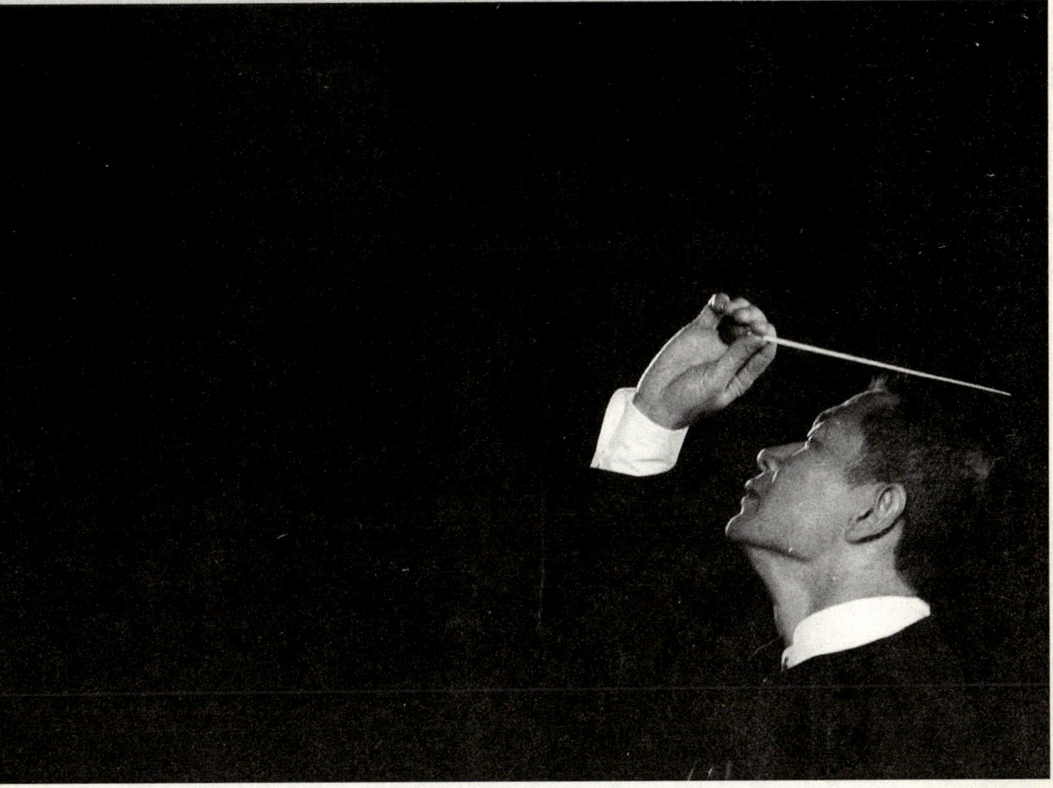

谭盾是带着他那把只剩三根弦的小提琴奔赴中央音乐学院考场的。

1978年，国家恢复高考招生。此时，正在湖南京剧团担任演奏员的谭盾希望能通过读书走出湖南，改变命运。为了备考，他非常刻苦。在家门口的大树下，经常可以看到他痴迷地听着广播里的音乐，手里拿着笔记下乐谱。当时，新华书店极少有卖音乐方面的书籍，更不用说专门的小提琴曲谱了。为了学更多的乐曲，他只好找别人借来曲谱，连夜手抄，有时愣是抄到大天亮。每天一大早，他就跑到附近一个小山头上对着曲谱练习拉小提琴，常常拉得手酸臂软。炎热的夏日，他打着赤膊，一把小提琴架在肩上，拉出一串串音符，也抖落一颗颗汗滴。当时还没有电扇，妈妈就站在儿子后面，默默地为他打扇。

考场上，主考老师让谭盾拉一段小提琴名曲，他却自作主张拉了一段自己根据湘西的民间音乐创作的《铁牛进山了》。正是凭借这一自创曲目，他顺利地走进中央音乐学院作曲系。

一个“嚣张”、反叛的灵魂

80年代初的中国艺术界表现出对“文革”时期艺术观念的反叛，相对于“文革”艺术的“假大空”，更多强调人性和真实，创作氛围也前所未有的宽松。在艺术追求上自认为胆大、无所拘束的谭盾从来就认为自己是那个时代的精英——注定要参与在“文革”后文化的废墟上重建理想和文化这一浩大工程。大二那年暑假，谭盾一个人憋在教室里，写了他平生第一部交响乐——《离骚》。在这部试图诠释两千年前楚国诗人屈原的作品里，他动用了板鼓、箫等许多民族乐器，当时这是很出格的事。老师对这一作品很不满意，问他:“你有这么深刻吗？你有这么多牢骚要发吗？”尽管音乐界也因为这部作品使用了前卫的音响和技术而引起了争议，但认同这部作品的老师和同学还是将其作者谭盾归入了中央音乐学院的“四大才子”。

谭盾近乎于偏执地行进在自己的创作道路上，全然不顾及身边人的评价。1983年，他创作的第一弦乐四重奏《风·雅·颂》广泛运用民间曲调，其中的中国宫廷音乐、庙堂赞歌等原始素材给外国人以清新、别致的感觉，获得了国际作曲大奖“Weber Prize in Dresden”，1984年举行的“谭盾中国器乐作品专场音乐会”发表了《天影》及《双阙》等多首曲目，引起不少争议，却也给当时的民乐界不小的震撼。

回忆起在北京的9年，谭盾评价自己当时是一个极为狂妄、求知欲很强的青年。那个时候他年轻，血气方刚，对于现代艺术思潮的理解就是要否定一切，然后创新。因此他选择了做实验音乐，选择了自己制造的乐器，他甚至尝试用人身上的器官来发声，比如说鼻声、耳声、喉声，以营造出咏叹调。他努力让自己的创作达到一个“境界”，那就是所有的合奏只有自己的乐队可以演奏，所有的谱子只有自己可以看得懂。

到纽约“改变西方音乐”

谭盾这个嚣张、创造力过剩的灵魂感到北京已经无法满足自己的创作欲，于是，1986 年从中央音乐学院获得作曲硕士学位后，谭盾拎着一箱足够用3年的卫生纸——有人跟他说纽约的卫生纸很贵——带着一颗“要来改变西方音乐”的野心，昂着头颅去了纽约。在美国，谭盾获得哥伦比亚大学奖学金，随大卫·多夫斯基学习音乐创作。

纽约聚集了来自世界各个角落的各色人，其中不乏后来在中国名声大震的来自北京的艾未未、陈凯歌，来自上海的陈丹青、陈逸飞，来自台北的李安……谭盾在艺术家聚居地格林威治村一住就是10 多年。那时，谭盾几乎天天和艾未未泡在一起，尽管很穷，但是都很有抱负。在这里，谭盾学会了“从宇宙看世界”，同时也更体会到中国文化的博大和精深，他要把中国元素与西方音乐结合起来，他相信自己的确可以改变西方音乐、改变世界音乐。

他自称花了10年的时间把西方所有经典歌剧都看了一遍，很多还看了不止一个版本。尽管这个机智的说法让人无懈可击，但人们有理由相信，历经10年拼搏，谭盾了解到了传统的西方观众是什么、喜欢莎士比亚的观众是谁、西方歌剧的忧思和危机是什么、他们寻求的改变是什么。为此，他鲜有作品问世，但1989 年以自制乐器演奏的作品《九歌》使其在国际乐坛获得认可。1990年，他进行了试图把剧场表演和乐队相结合的《乐队剧场》创作，其中为音乐界著名的“克罗诺斯弦乐四重奏”而写的《鬼戏》以及为日本NHK交响乐团创作的《门》，因其特别的表现方式而受到西方乐坛的肯定。

中西合璧的和谐之音

与此同时，国内的音乐潮流也悄然发生着变化：80 年代初一味的反叛；80 年代中期“文化批判”的成熟，强调艺术不仅仅是一种社会批判，而以更形而上的角度切入生活；到了 90 年代初，再次反叛 80 年代艺术中的理想主义，以一种平视和日常的态度，关注人的生存状态；90年代中期，伴随西方消费文化的突然涌进，中国当代音乐倾向和西方的潮流基本同步，西方有什么流行和敏感的东西，中国的音乐家也随之起舞，“接轨”是那个时期的时尚。

1995年，吴子牛导演反映中国人民抗日的影片《南京大屠杀》，邀请谭盾为影片作曲。在国外多年的谭盾为了创作好该片音乐，从美国回国深入剧组体验生活。他在南京大屠杀纪念馆重温历史，酝酿感情，全身心投入创作，并一改以往的创作风格，融入到电影表达的历史氛围中。主题歌《不要哭啊，南京》被称作悲壮宏伟的交响诗魂。

谭盾对中国文化有独到的理解，尤其是他早年的创作，大多是出于对中国传统文化“精髓”甚至是对“神秘”文化的感悟。而长期国外留学的经历，又使他对西方的现代与后现代音乐能够借鉴。正是由于这一特殊背景，1997年7月，他应约为中国政府恢复对香港行使主权纪念活动创作交响乐《天地人》，这是他迄今唯一的一次接受“命题”的作曲。作品一反他以往的先锋姿态，在曲式、曲调、歌词上多追求正统模式，创作思路上排斥了冷战性的思维，回避了政治性的言说方式，回归到传统话语模式。整个交响乐内容立足于中国文化的本土意识，以华夏精神为主体意识，而在形式上借鉴西方、拓展现代，在东西方、传统与现代之间进行了某种折衷。在他的旋律中，既可以听到山歌民谣、江中号子、迎亲吹打、佛堂祈颂、丝竹管弦，也能听到西洋的交响曲式和“大提琴独白”。这使得在全球化语境中，东西方融汇成一种和谐的大音乐意识。《天地人》是中国高雅音乐一个跨世纪的基调，国外的音乐家将《天地人》看成是华裔艺术家真正走进国际音乐界的开始。

同在1997年，谭盾创作的歌剧《马可·波罗》成为当年国际乐坛引人瞩目的演出，并为他赢来诸多好评与国际奖项。他后来相继创作的多部音乐作品也都成功上演，多元化的音乐使他声誉日隆。2001年，他用十天时间为电影《卧虎藏龙》创作的音乐赢得了奥斯卡最佳原创音乐金像奖，这让更多音乐圈之外的中国人知道了谭盾这个名字。2002年他又获得美国格莱美奖，并被美国音乐协会权威杂志《美国音乐》授予“2003年度最佳作曲家”。

2006年12月12日，由谭盾担任作曲并指挥、世界三大男高音之一的多明戈主演的歌剧《秦始皇》在纽约大都会歌剧院首演，这是该歌剧院成立以来首次上演中国歌剧。该歌剧连演9场，尽管票价高达2500美元，但门票销售一空。国外媒体用“蕴藏着东方戏剧和西方传统”、“动摇了西方艺术的基础”来评价《秦始皇》。截至2007年年底，该歌剧已经接到了世界107家歌剧院的邀请，在商业上获得了极大的成功。谭盾把这部作品的成功看成是实现了当年去美国时的梦想——改变西方音乐，它确实“改变了整个世界歌剧的机制”，就像法国歌剧、意大利歌剧曾经带给世界歌剧的改变一样。

现在在中国国内，对谭盾的作品的评价——如同当年对他创作的《离骚》的评价一样——仍旧是褒贬不一。好在如今的中国音乐界不仅创作繁荣了，评价也更多样了，艺术需求与艺术鉴赏都多元化了。

30 年出行，六种心情

王建文

1978 年：陕西省西安市土门照相馆职工

2008 年：陕西省西安市西京彩色摄影中心安定门照相馆退休职工

改革开放30年，西安膨胀了近10倍。但在西安生活了大半辈子的王建文觉得:“别看西安越来越大，现在出门和过去比起来，反而更加方便，用的时间更短。”四通八达的立体交通网，多种多样的出行工具，让今年 55 岁的她倍感便利。

自豪：有了一辆自行车

王建文从小就随父母支援大西北来到西安。1978 年，刚刚 25 岁的她在土门的一家照相馆工作，每天都要到西安市的好几个点去收款。那一年，在单位补助下，她买了辆“凤凰牌”自行车。“当时人们活动的范围小，商业网点也少，大部分人出门就是上下班，主要靠走路，也坐公交车。我每天能骑着自行车出行，感觉好极了。”回想起当年骑着自行车的年轻时光，王建文满脸的自豪。

1979 年，西安市的公交车共有 498 台，公交线路 34 条，全长 278公里，每天有约35万人次乘坐公交车上下班。自行车只有在经济情况好的人家才有，大部分人出门还是靠步行。

焦虑：常被司机扛上车

在王建文的印象中，上世纪 80 年代，西安是灰色的，电灯不亮，电话不通，道路不平，最要命的是公交车很少。一是线路少，很多地方都不通公交车。有时家里要走个亲戚，只能骑自行车驮上一家三口。二是车辆少，车型旧、车况差，客流量还特别大。一趟车要等10几分钟，甚至一个小时。

“那时候不能叫坐公交，应该叫挤公交，能挤上车就很幸运。哪像现在乘客还挑挑拣拣的：人多不多，有没有座儿，刷不刷卡，是不是空调车。”王建文印象最深的镜头是，乘客为了赶时间，车再挤也要往上走，车门根本关不上。常常是司机下车，用肩膀把乘客硬往车上扛，好容易听到车门“咵嗒”一声关上了，才能开车走人。有时候司机甚至让乘客从驾驶室爬进车厢，这也算得上是一种“照顾”了。因为车难坐，抢座位也就成了常有的事，乘车秩序也挺混乱，物品丢失、被盗的现象时有发生。

“那时街面上也出现了少量的出租车，但多半是空车在跑，因为普通人坐不起。”那时的乘客不是蓝眼睛高鼻子的外国人，就是当时已经腰缠万贯的港商、台商，另外还有那些从东南沿海来西安“捞世界”的国内新富起来的一帮“内商”。

当时，西安的公交车覆盖范围不足90平方公里，同时，改革开放之初大量的民工潮、学生潮，导致上世纪80年代初的运力矛盾特别突出，上下班时，等到第二辆车都不一定能上去。最拥挤的时候每平方米要站10人，乘客满载率达到120%。

1982年，乘车难的问题第一次提上西安市委常委会研究，政府着手解决，目标是：乘车高峰期，两趟车要拉完站上等待的乘客，低峰时一次就要让乘客全部上车。此后连续5年，政府每年补贴100辆车，使车辆保持了较快速度的增长。到1989年底，西安市拥有54条线路和800多辆公交车。

紧张：无序中巴真吓人

王建文觉得乘车难的状况慢慢开始缓解是在上世纪80年代中后期。

1990年后，西安城市建设的步伐开始加快。随着路网日趋完善，市民对公交线路的要求也日益迫切。因为需求大，但财政底子薄，为了解决乘客出行问题，西安市政府放开了公共交通行业，开始提倡“多家经营、统一管理、协调发展”，试行市场化道路。

西安大街上出现了个体经营的“招手停”，有了急事就会坐这种小中巴车，一招手就停，开得也快，比较方便。但是“招手停”贵，而且特别不规范。西安市出现了很多中巴线路。但中巴车在缓解了交通出行问题的同时，也带来了安全隐患。王建文现在还记得自己的一位同事在下车时被车门夹伤了脚，自己有一次坐车提包被夹住了，喊了半天也没人给回下门儿，于是她轻易不坐“招手停”。

政府经过5年多的规范管理，中巴车逐步走向正规，成为公共交通的补充力量。

感激：出租车司机挺仗义

90年代是中国出租车行业飞速发展的年代，西安市的出租车从100辆左右已经迅速增加至1995年的上万辆，仅1993年一年，行业内新成立出租车经营单位48家。出租车经营也从审批制变为公开拍卖，1995年8月23日，政府以3.8万元的成交价拍卖了600辆出租车的10年经营权。

王建文对出租车的感激之情源于一位司机对外甥女无私的帮助。1995年，外甥女得了血液病，从来没有坐过出租车的孩子希望在生前坐车转转西安。在医院门前，家人拦下一辆出租车，司机拉着孩子游玩了一下午，也在这个过程中知道了孩子的病情。下车时，家人发现计价器上没有数字，司机告诉他们，自己也没什么可以帮孩子的，这钱就不收了。在家人的再三请求下，司机只拿了10元钱就离开了。后来孩子奇迹般地好转了，怀着感激之情，家人从此也成了西安出租车的关注者。

与此同时，西安市出租车的车型已升级换代了四次，上世纪80年代末的低档车早被淘汰；连上世纪90年代的红色“夏利”和“奥拓”也渐渐稀少；第三波推出的以富康、捷达主打的排量大、污染小、较高档次车型，现在仍占据着市场的主要份额；近年推出第四代如红旗、帕萨特、桑塔纳，以及比亚迪等着实令开旧车的司机妒忌，他们盘算让那些“第四代”车没人坐，太贵，可是这批较高档次的车辆现在已成为主流。出租车行业的变化既表明城市发展之快，也说明市民生活提高之快，其实是全社会进步之快。

热爱：大公交回归为市民

2007 年，西安市制定出台公交优先发展战略，并实行了首次公交周，有了首个无车日，就是要让道路资源为更多的人服务。

在王建文看来，现在出行实在是太方便了，只要有路就有公交车，没有公交车也有中巴会通到家门口，实在不行打个出租车，也是非常容易的事。不过，她选择出租车的时候不多，在她看来，乘坐公交车“过去是一种负担，现在是一种享受”。因为公交车车多了，车况也好了，挤公车早已成为往事，服务也更加人性化，听不到司乘人员催促乘客上下车的声音，乘车的心境也宽松了。

更让她高兴的是，2007 年西安公交车开始实行IC卡乘车5折的惠民政策。“以前，很羡慕外地朋友用IC卡乘公交车可以打折。没出一年，咱西安就5折了。”刚听到消息的那天，王建文就给自己在外地的朋友打了电话，得意地说:“你们还要花七八毛钱，我们现在只花5毛钱。”她也听朋友说，北京的公交一卡通更便宜，只花4毛钱，而坐遍北京的所有地铁线路，也只需两块钱。

热心的王建文开始为公交车记日记，哪趟车服务好，哪趟车开得平稳，都成为她的日记内容，她将这些记录及时反馈到公交公司。今年年初，她成为西安市首届文明乘客。

现在，西安市的公交客运量达到每天300万人次，是30年前的10倍；线路达到206条，比30年前翻了三番；车辆达到6000辆，是30年前的12倍。

期待：坐上开往未来的地铁

“咱火车坐过了，飞机也坐过了，就是还没坐过地铁，真盼着西安的地铁早日修好！”说起正在建设中的地铁，王建文充满了向往之情。在她看来，地铁是一座城市现代化的标志，北京、上海、广州等大城市早就有了。西安因地下文物众多，经多方论证，如今也决定开始修建地铁了，听说它不会破坏文物，并且环保、高效、便捷，她简直都等不及要坐它了。

“想想不久的将来，西安地下有地铁，地上有公交、出租和中巴，往哪儿走还不是轻轻松松的事儿。要想出西安，铁路、公路、飞机，随你挑，别说去国内，就是和国外的城市也就十多个小时的距离呢！”王建文笑着说。

现在，在西安古城脚下数十米深处，除在建的二号线外，一号线、三号线、四号线、五号线、六号线，一条接一条将逐一开工建设，也许用不了50年，在西安厚厚的黄土下，6条线路就会形成251.8公里的网线，成为古城新的血脉。它们深入城市主城区和郊区的街巷，服务范围覆盖全市61个主要客流走廊和大型客流集散点中的52个，每天可以承载509.5万人次的出行。地铁将成为更多人的出行选择，它将和公交、出租、中巴一起，构筑起西安公共交通的脊梁。

走出一个村庄的致富路

吴仁宝

1978年：江苏省江阴县县委书记，江阴县华西大队党支部书记

2008年：华西集团副董事长兼副总经理，华西村党村企总办主任，全国小康村研究会会长，中国扶贫开发协会副会长

“没有吴仁宝，就没有今天的华西村!”华西村村民如是说。“没有华西村，也没有今天的吴仁宝。”吴仁宝自己则如是说。1961年华西建村，吴仁宝开始任江苏省江阴县华士公社华西大队党支部书记。他22岁当村官，27岁当乡官，53岁当县官，59岁再当村官。他的一生，已经和华西村融为一体。

脱贫出路：农村也要搞工业

华西村曾经很穷，“高的像斗笠帽，低的像浴锅塘。半月不雨苗枯黄，一场大雨白茫茫”是1961年刚刚组建的华西村的真实写照。70年代后期，当中国农村上下都在“割资本主义尾巴”时，吴仁宝却认准了“无农不稳，无工不富”这个理，领着华西村村民办了一个小五金厂。这个小厂子一年为华西村创利30多万元，靠这笔钱，几年里全村人住上了新瓦房，人均分配从130元上升到220元，村里还建成了5层大楼，用来办托儿所、中小学，被华西人自豪地称为“教育大楼”。

80年代初，中国农村开始经历一场重大变革，“分田到户、包产到户的承包责任制”迅速在各地推开。吴仁宝看到，中央政策的最终目的是让农民富裕起来。在那些地多人少、长年的大锅饭严重制约生产力发展的地方，分田到户是非常必要的。而华西村每人只有半亩地，人口在天天增加，继续把农民捆在土地上刨食，肯定不是出路。如何才能摆脱贫困，使腰包真正鼓起来？经过一番认真思索后他认为，农村也要搞工业！

中国农村的包产到户已在全国展开，而当时只有一个声调：包字万能，一包就灵！似乎谁不包，谁就背离了党的十一届三中全会的精神。这样的帽子从四面八方打向一直坚持集体经济、走共同富裕的华西村，吴仁宝承受着常人难以想象的政治压力。1980 年 5 月，江阴县直机关召开党员大会选举县党代表，当时作为县委书记的吴仁宝竟然落选了。上级决定调吴仁宝任地区农工部负责人，然而吴仁宝请求说："我来自华西村，还是回华西村，我是农民，我一生唯一的愿望就是为农民多干点事。"就这样，吴仁宝从"县官"的宝座上又回到了华西当农民。回到华西，他在村党支部会议上说："华西村现在头等重要的任务是发展集体经济，让大伙儿的生活更加富裕，全面富裕！"他将全村500多亩粮田由30名种田能手集体承包，绝大多数劳动力转移到工业上去。

共同富裕：轻松建设亿元村

1983 年，中国农村开始实行村长选举制，这一年，吴仁宝举着"共同富裕"的旗帜出现在华西村村委选举大会上。他用最朴实的语言解释他的共同富裕论，就是有福同享，一家也不落下。这次，他获得全票当选华西村村长，此后，他的村长地位与个人威望就一直没有动摇过。1986年，华西村轻松地迈上了亿元村的台阶，这在当时的中国农村引起了巨大的轰动，华西村再一次被作为全国农村经济改革的成功典型。此后的20多年里，华西村的经济以20%的速度增长，发展后劲十分强劲。这源于吴仁宝在处理积累与分配制度上采取"少分配多积累、少拿现金多入股"的独特思路，他认为，农民办企业要发展壮大，自我积累很重要，不能依赖国家的贷款，更不能搞高息集资，而要增强自身的造血功能，农民的家底厚了，华西村的经济才会进入良性循环。

为了适应对外开放的需要，村民们将搬进新居后余下的三排六栋平房，改建成4000平方米的南院宾馆。这里有三条古典长廊，客房厅堂采用江南农村的古朴陈设。第二年，又在村西南张家港河畔，凿池为湖，垒石为山，建造了农民公园。华西村以一种更欣欣向荣的姿态迎接各地客人。

1988年，“公司热”席卷神州大地，看着越来越多的人只向钱看，吴仁宝忧虑万分。他不信金钱是万能的，他决心物质、精神两手抓，搞一个国外没有、国内独创的“精神文明开发公司”。他挑选了群众威望高、文化素质好的党员干部组建开发公司。社会上赌博和封建迷信抬头，公司及时开办讲座，讲“赌博的危害”、“宗教信仰和封建迷信”的区别；有的村民夫妻不和，婆媳不睦，就举办学习班，讲《婚姻法》、《继承法》等有关法律，讲中国人尊老爱幼的传统美德；精神文明开发公司还配合、服务全村经济发展，开办了企业、管理、营销等讲座。从表面上看公司不产生经济效益，但吴仁宝看得很远，公司所产生的效果是无法用经济效益来衡量的。全村人的整体素质提高了，村风民风变好了，凝聚力增强，大家齐心协力搞生产，这就是华西村的无形资产。

因地制宜：将集体制进行到底

上世纪90年代，全国掀起了乡镇企业改制的热潮。华西村没有简单地一改了之，而是因地制宜走出了“一村两制”的新路子。村民可以搞集体，也可以搞个体，但干部不得搞“一家两制”，更不允许搞“一人两制”。在农村，没有集体经济，想为老百姓办事很多时候就是一句空话。华西村走出了一条以集体经济为主、多种经济成分并存的经济发展新路子。今天的华西集团是华西村的经济骨干，成为包括铝、钢、铜型材、纺织、化工与旅游的大型集团，并于1999年在深圳成功上市，成为中国第一个以村名作为企业名称的上市公司。

党的十五大以后，中央有政策明确提出“抓大放小”，乡镇企业“改制”进入新的发展阶段。吴仁宝对村办企业的情况太了解了，他提出要一手“抓大放小”，一手“抓大扶小”，必要时还要“抓小放大”。对那些关系到华西经济命脉的大企业——毛纺厂、线材厂、型钢厂抓住不放，继续花力气深化改革，提高效益；一些效益较差的小企业则转给个人经营，对那些有发展前途的小企业，加大扶持力度，在资金、人才、技术等方面给予大力支持，帮助它们增强竞争力。华西的改制以全新的思路别开生面，调动了各方面的积极性，使大中小各类企业都焕发出新的活力。时至今日，华西的50多个企业都保持了年年赢利的好势头，没有一家亏损。2007年全村实现年销售收入达450亿元，上缴利税超过8亿元。

经济发展带来物质的极大丰富，而集体经济也给村庄带来浓重的集体印记。村中老人和无劳动能力者每月会有数百元的定额保养金。村里的劳动力都在企业上班，他们早出晚归，午餐在企业解决。一般村民工资不超过1000元，奖金则为工资的4倍左右，工资全领，奖金只发二成，另外还有部分分红。1984年，彩色电视机刚上市，有钱的华西人每户配备一台；1992年，由村里拿出200多万元，给家家户户装上了壁挂式冷暖空调器；1993年，在华西村相继成为“电话村”、“彩电村”、“空调村”、“别墅村”后，吴仁宝和村干部又从长春一汽给村民们购来了一辆辆轿车。既要“金山银山”，又要“绿水青山”，现在生态旅游已成为华西经济发展的新亮点，常年能吸引200多万国内外各界人士到华西旅游观光、休闲度假。

现在，华西村资产最少的人家也在100万元以上，村民都住上了洋气的第五代别墅，只有吴仁宝还住在上世纪70年代建造的老楼房里。满墙悬挂的合影、陈旧得嘎嘎作响的地板和老式双人床伴随老两口已经30年了。一开始，吴仁宝讲，等全村老百姓都住上别墅后，我就搬进别墅。现在他却说，我住老屋习惯了。“不拿全村最高的工资，不住全村最好的住房，不拿全村最高的奖金”是吴仁宝早年给自己立下的规矩，几十年来，他恪守着这一规矩。

吴仁宝的一家，是个人丁兴旺的大家庭，全家四世同堂，28口人济济一堂，和睦团结相处。儿女们都有远大的理想抱负，曾希望到村外一展自己的才华，实现各自的人生价值。但华西村是吴仁宝的命根子，他希望儿女们继续扎根故土、建设家园。

平凡生活的巨变

王曙光 | 1978 年：河南省农科院职工医院医师
2008 年：河南省农科院职工医院副主任医师

当王曙光还是初中生的时候，她响应国家号召，从广州城奔赴海南岛，参加屯垦戍边的海南建设。1973年，大批知青回城，她也随内调的父母来到内地城市郑州。转眼间，几十年过去了，每当想起在海南的那段激情燃烧的岁月，再次踏上那片土地成为她一直以来的夙愿。然而由于工作忙，这一愿望一直没能实现。今年1月1日起国家开始严格施行《职工带薪年休假条例》，有关部门出台了更具体的实施细则，使广大职工的基本休假权利得到保障。本次节假日调整后，职工一年中平均休假时间超过了全年的1/3。很多同事都利用休假时间到各地去旅游，她也要到阔别多年的海南岛看看。坐上去海南三亚机场的飞机，从机窗俯瞰鳞次栉比的高楼、纵横交错的公路，看着这现代化的大都市，她浮想联翩，不禁回忆起郑州30年的变迁。

工作：日渐优越的环境

1978年，王曙光来到河南省农科院职工医院成为了一名医生。

最初，这里只有3个房间、5名员工，只能诊治感冒、发烧之类的小病。王曙光工作敬业、认真，经常在下班后或是节假日到行动不便的病人家中上门服务，得到职工的好评。2000年以后，随着国家拨款建设社区医院，提出了“大病在医院、小病在社区”的政策，社区居民拿药、输液再也不用到医院排队、挂号。农科院职工医院也得到了长足的发展，增加了很多新的医疗设备，服务和专业水平与过去不可同日而语。

近年，王曙光身边同事的素质有了很大提升。过去大部分同事都只有大专、本科学历，研究生寥寥无几，现在她所在的河南省农业科学院光博士就有几十位，研究生多达150多人，其中许多人都是在海外名牌大学毕业的“海归派”，他们是谢绝导师的挽留，放弃国外优越的生活条件，毅然回到祖国的。从试验仪器到科研手段都实现了现代化，在优越的环境下，许多科研人员瞄准当今农业科学的前沿领域，取得了骄人的科研成果。这让王曙光感受到了一份压力，她总是利用晚上的时间学习外语和专业知识，好让自己也不断地进步。

住房：从 12 平方米平房到 120 平方米新楼房

从 1978 年到 2008 年，王曙光共搬家三次。1978 年，她到农科院分到了一间面积仅 12 平方米的平房。因为单位从事农业研究，选址在郊区。为了工作方便，她起初就住在单位宿舍，好在城市不大，距市区也就不到三公里。这套房子不仅阴冷、潮湿，老鼠时常成为家中的不速之客。冬天最为艰苦，木质的窗户并不严实，刺骨的寒风通过窗户和门缝往屋里钻。为了取暖，只得在房间内升起炉子。水管常常被冻上，不得已只有拿开水往水管上浇，敲敲打打，摆弄半天，自来水才从水管中流出来。没有电冰箱，就将大白菜埋到地下储存。1993年，全家第一次住上了50平方米的旧楼房，第一次用上了天然气和暖气。2000年，他们搬进了位于郑州市文化路、面积达 120 平方米的新房，多年的梦想终于成为现实。

出行：道路变宽，城市变靓

郑州市文化路南接二七路，二七路南端就是市中心——二七纪念塔。尽管把家搬到了市区，但到市中心还有四五公里远。谈起对郑州交通的记忆，王曙光印象最深的是花园路两边的面上横亘着两条黑色的“巨龙”——污水沟。上个世纪80年代初期，排污系统是露天的，原本就不宽阔的路，被排污沟隔开，刺鼻的气味总是让人退避三舍。今天，花园路已经和紫荆山路连为一体，像一条玉带横贯郑州南北，道路宽敞，道路两边高楼林立、人行道上绿树成荫，成为郑州当之无愧的城市名片。道路变宽了，城市变靓了，王曙光一家人在出行方式上的选择也更多了。离家不远的地方就是公交车站，几十条线路四通八达，售票方式也由最初的人工售票变成了自动投币，坐公交出行价格便宜，只需一元钱就可以到达市区的各个地方，空调车也不过两元钱。

曾几何时，电动自行车在郑州风靡一时，其无污染、方便快捷的特点深受人们喜爱，成为最常用的交通工具。近年来，如同其他城市一样，随着私人购车的增多，郑州市道路承载能力面临前所未有的考验，堵车成为城市交通的顽疾。郑州市政考虑到这一情况，出台交通规划，到2013年将建成地铁1、2号线，届时，公共交通的运行效率将成倍增加，这对包括王曙光家在内的所有家庭而言，都不啻于一个福音。

购物：物资匮乏不再

每当王曙光徘徊在郑州的市中心——二七纪念塔，她总能找到历史的印记。初来郑州之时，二七纪念塔附近只有一家两层楼的百货大楼，商品的丰富程度还比不上现在一些中等规模的超市。

改革开放之后，商业文明和工业文明在这里交相辉映，释放出惊人的能量。早在上世纪90年代，郑州就因为“商战”而闻名全国，郑州亚细亚商场更成为中国零售商业的一面旗帜。今天，二七纪念塔周围云集了国美电器、苏宁电器、北京华联、金博大等商场，还有商业步行街，在繁华的同时显得错落有致。此外，零售业巨擘沃尔玛、家乐福、麦德龙、凯马特也如过江之鲫来到这座城市，在外商眼中，这片古老的土地蕴藏的财富无法计量。竞争给宏观经济带来的是规模经济和效率，对普通百姓而言，则是切实的实惠。王曙光所居住的社区仅5平方公里的范围内就分布着丹尼斯、世纪联华、易初莲花、家乐福、国美电器等诸多大型购物场所。晚上散步之机，就可以方便地购买各种商品。

30年前，生活必需品是每个家庭最大的一笔开支。购买粮食、副食都是凭票供应，每人每月可以购买26斤粮食、半斤食用油。只有逢年过节，粮店才会给每家多供应二两油，单位上同事间都会奔走相告。当时流行的“三转一响”——自行车、手表、缝纫机加上收音机，就已经是居家的大件物品，结婚成家，谁要嫁到有“三转一响”的家庭，就是嫁到了富裕人家。那时候工资很低，大部分家庭连自行车都买不起，有了钱又买不到，还必须有工业券。一家人一年只有两张工业券，为了买一辆自行车，要存上5年的工业券。1981年，王曙光家买了一台12英寸的黑白电视机，邻居、朋友知道后都十分羡慕，每当夜幕降临，院子里挤满了人，大家一起收看仅有的几个电视频道。1986年，彩色电视机开始进入寻常百姓家，当时正值抢购风，即使拿着钱也很难买到，王曙光还是托在外贸单位工作的亲戚买到了一台18英寸的三洋牌电视机，全家人为此兴奋了一个月。

如今，物资匮乏的时代已经一去不复返了。家中的电器家族也是“人丁兴旺”，王曙光家不仅用上了等离子电视机，台式电脑、笔记本电脑、MP3、空调都已经融入全家每天的生活。厨卫、小家电也经历了一次“革命”，抽油烟机取代了早期的排风扇，电磁炉、微波炉、电饭煲、高压锅取代了传统的铁锅、铝锅，烹饪手段更加方便快捷。

感觉:“太美好了，太幸福了!”

生活水平的提升不仅仅体现在物质的丰腴上，更体现在精神生活和幸福感的提升上。80年代以前，出差到北京、上海等大城市，是令人羡慕不已的事情，因为可以利用出差的机会顺便去当地旅游。而今，随着生活水平的提高，外出旅游已经成为一种主要的休闲方式。近几年王曙光一家可没少出去，泰山、长江三峡、长白山天池、鼓浪屿、黄果树瀑布、苏杭、桂林……都留下了他们一家人的足迹。在欣赏瑰丽景观和体验当地文化的同时，也深深地感受到改革开放给生活增添的那份畅快。

刚刚过去的2007年，在河南省社会科学院党委办公室工作的丈夫和在某财经类杂志社从事编辑工作的儿子，由于工作努力，都被各自单位评为“先进工作者”，王曙光感到十分骄傲。这年的春节，全家人在快乐之余，感受到一种前所未有的充实。年夜饭上，王曙光与丈夫和儿子细数着身边不经意间悄然而至的变化，不由发出一声感叹:“太美好了，太幸福了!”

飞机就要抵达海南三亚机场了。30 多年过去了，三亚的变化一定也很大吧，王曙光心想。

谭木匠单手创品牌

谭传华

1978年：四川省开县岳溪区公所卫生所跟师学徒

2008年：谭木匠（国际）集团董事长，重庆工艺美术协会会长，重庆市残联理事

少年时的一次意外使谭传华失去了右手，也使他在初中毕业后没机会再上高中。失学后的谭传华只能躲在家里练习用左手写字，并且自学绘画。父亲担心他的未来，便把他送到公社的卫生所里当上了学徒。经过三年，学医不成，正好村里的知青民办教师返城，父亲又托朋友把谭传华安排到学校当上民办教师。1979年冬，谭传华向未婚妻云琼的父母提亲，姑娘是没有意见的，她的父母却很明白地说:“传华，你现在还是民办教师，饭碗还不稳定，要是你不能教书了靠什么维生？”是啊，没有面包，哪得爱情？谭传华想。

辗转徘徊，四处寻找“面包”

1980年的春节，一个在河北省丰宁县当汽车兵的远房叔叔回家探亲，向谭传华讲了许多开车往返北京的见闻，他心里便生了向往之情，想走出去看看外面的大千世界。父亲同意了，云琼没有阻拦也不支持，保持了沉默。第二天清早，谭传华提了一个装满书和本子的大包，背了一个画夹出门了。父亲送出老远，分别前给了他50元钱。北京旅游一番后，他到丰宁县跟一个老乡学摄影，不成。这年夏天，他又跑到新疆米泉投靠当建筑老板的表哥。到了米泉，表哥安排他当油漆工。这个活对于一个失去右手的人颇有不便，他不想干要回四川老家。表哥给了他50元路费。那年，天水铁路被洪水冲断，回家必须多次转车，50元当路费当然不够，谭传华好歹到了兰州，又一路从兰州经武安、临洮、文县、广元、成都、昆明到了个旧，路上靠画画卖钱以补盘缠。1982年夏，他从个旧流浪到了煤都六盘水市，一场重感冒让他卧床不起，思乡的情绪更重了。原先计划靠一支画笔把沿途的风光画遍的，现在的想法变成了只求尽早回家。这时，从新闻联播里得知家乡开县发生了特大洪灾，这使他更加归心似箭。

正好，开县计生委缺人手，谭传华回家后被借调去搞宣传。云琼的父母和亲戚们见他被借到县里工作，很是高兴，不再阻拦他和云琼的婚事。进城两个月后，他俩结了婚，嫁妆没有“三转一响”（自行车、手表、缝纫机和收音机），婚期也没选择吉日，更没有举行婚礼。第二天，谭家父亲给了 100 元，算是所有彩礼。

计生委的工作结束后，谭传华回到乡下老家办了个预制件厂，生活还算殷实，但谭传华依然想去外面的世界闯荡。1988年，他和妻子背着被卷，牵着大儿抱着小儿，进了县城。他们靠画玻璃画维生，男人画画，女人钉框。卖了几个月，生意很不好，连房租都快付不起了。那时县城还没有类似的小商品出售，谭传华拿出所有能拿出的钱从重庆买了绢花和花瓶，回到店面一放，很快吸引了不少爱美的姑娘小伙儿，第一批货仅仅三天就卖得精光。三年绢花店，小小生意竟赚了 10 多万，谭传华在县城买了套房子。

开花店的渐渐多了，生意不好做了。1992年，一家四口跟随二哥去了万县。这天，他们看电视里介绍张果喜靠木雕创业成功的节目。二哥说，你有美术基础，搞木雕一样可以成功。说干就干，谭传华召集几个雕刻方面的能人，办了一个“三峡工艺品厂”。全厂有30个职工，白天大家就想象一些图案来雕，晚上就请附近三峡学院美术系的教授来讲课，每个人都热情高涨，竭尽全力地学习和工作，极力想做出有艺术品位的产品。然而当谭传华把优中选优的几件黄杨木雕产品带到深圳参加博览会时，才发现自己闭门造车，根本不了解同行的情况。盲目搞了半年，白白花掉了所有积蓄。

发现商机，开启木梳之路

在深圳参加博览会的间隙，谭传华去了趟华侨城的“锦绣中华”。在“苏州街”，他见到了很多精美别致的工艺品，就问服务员：“你这里什么东西好卖？”服务员回答说：“竹节拐杖和木梳。”竹节拐杖好卖，谭传华想到了，但木梳受欢迎是出乎他意料的。从深圳回万县的路上，谭传华开始琢磨，梳子人人必需，家家必备。塑料梳有静电，木梳肯定有市场，说不定还是个大市场呢！

1993年，谭传华贷款20万元，在万县双河口一个厂房里创办了自己的公司，开启了木梳之路。忙活了大半年后，木梳终于生产出来了，他派了四个骨干业务员去推销，直到黄昏时，才有一个业务员告诉他，只卖了两元钱。相对于20万元的投入，两元钱实在是微不足道。但这毕竟是他卖出的第一单生意，直到今天，这两元钱还保存在工厂的陈列室里。最开始卖出去的梳子还没有牌子，“谭木匠”这个名字是后来确定的，这个名字颇为响亮，一经喊出便不胫而走。谭传华很喜欢这个名字，既有地道的中国味道，也符合自己的身份。

招聘银行，走出融资困境

经过艰难的推销、烧过15万把不合格的产品、搞过无数次技术改革……到1997年，谭木匠的小木梳获得了市场认可。正当谭传华准备大干一场的时候，一个意外的难关挡在了他面前：由于没有固定资产作抵押，银行不愿意贷款给这个靠生产小梳子为生的小企业。

百般无奈的谭传华向重庆一家媒体反映了自己的处境。1997年8月18日，该媒体刊登了《谭木匠公司招聘银行》的报道。在当时，民营企业招聘银行是一件稀奇事，国内外数百家媒体蜂拥而至，并引发了关于“银企关系”的大讨论。最后，谭传华获得了建行的100万贷款，“谭木匠”的知名度也空前高涨。有了资金，谭木匠仿佛插上了会飞的翅膀，迅速开发出2000多个梳子品种。为应对竞争，谭传华赶紧将“谭木匠”注册成商标。1998年春节，他又出人意料地将从建行获得的100万贷款拿到中央电视台打广告，大势树立品牌知名度。

连锁经营，走上发展快车道

起初的谭木匠梳子都是进商场销售。商场渠道成本高昂并受制于商场，商场的亏损或故意欠款会造成呆坏账，给供应商资金链带来巨大压力。“谭木匠”出名后，其他木梳企业也开始苏醒，商场终端竞争激烈起来。1998年3月7日，“谭木匠”与第一家加盟连锁店签约，从此开始了特许经营的发展之路。

到2000年年初，“谭木匠”专卖店已经星罗棋布地开了近100家。然而就在这年春天，专卖店加盟速度骤降，各地加盟商开始有了抱怨。抱怨的核心是效益：其一，由于产品单一，风格单一，顾客来到店里的选择并不多。其二，谭木匠梳子价格很高，但针对高品位高消费群体的品牌附加值并没有做足。其三，梳子虽好，店堂装修却很一般，常常埋没于商街而吸引不了顾客眼球。各地加盟店生意平平淡淡，利润勉强，投资回报率不高，有的甚至亏损倒闭。

作为企业家，谭传华对市场信息非常敏感。他决定把原打算买高档办公楼和豪华别墅的资金转而花在“一硬一软”之上。“硬”是好的设备，“软”是能干的人；硬是产品的质量，软是产品的文化含量。他请成都的美术教授设计了一套既传统又现代、以中国传统文化为基调的新店面，又请来大名鼎鼎的“余明阳专家团”，为公司导入 CIS（企业识别系统）。尽管这花去了他当年三分之一的利润，但当年的销售额比老店竟多了一倍有余，从此“谭木匠”走上了发展的快车道。在“诚实、劳动、快乐”的企业文化核心理念下，谭木匠在全国和东亚、东南亚、美国等地建立了650多家连锁专卖店，产值由 2003 年的 5500 万元增加到 2007 年的 1.4 亿元。

如今的谭传华买下了重庆市区北部一栋高档办公楼，也有了自己算不上豪华的别墅，但他仍然难改朴素的生活习惯，生活中的他和他品牌的名字一样朴实。2007年，谭传华成为了一名虔诚的基督教徒。每个周末，做完礼拜，他会邀请教友们去南滨路上新开业的“谭木匠手工馆”品尝那里的“撒冷咖啡”。谭传华富了，但他一点也不摆阔绰，他说他只是替上帝掌管一些钱财而已。谭传华的买卖越来越大了，他说他只看得上大买卖，而最大的买卖就是和上帝的这笔买卖。

“金牌司仪”的各色婚礼

谢长金 | 1978年：河南省防疫站医生
2008年：河南省婚庆服务业协会副会长

婚庆界的人都亲切地叫他“长金”。30年前，他只是在朋友的婚礼上帮忙诵读仪式程序；现在，他是一个专业的婚礼司仪。他说：“主持这么多年婚礼，有个感受很深，生活在变，婚礼在变，如果你想找到代表一个时代的符号，不妨看看那个年代的婚礼。”

1978年：面对毛主席像“开念”

“那个时候，不叫结婚典礼，结婚的仪式程序写在半张大红纸上，贴在墙上毛主席像的旁边！”长金说。诵读仪式程序的人在那个年代没个正式名称，大家都说“帮个忙，你来念念”。长金性格外向，当众讲话不怯场，于是就经常被拉去当个“你来念念”。

1978年，在朋友程凯歌和张桂花的婚礼上，长金一身中山装，郑重立于台前“开念”：第一项，鸣炮，新人就位；第二项，向毛主席三鞠躬；第三项，给父母鞠躬……“那年月把磕头拜天地、拜高堂、夫妻对拜这些传统破除了。”长金说，“你来念念”这个活儿其实很好干，几句话，几分钟就齐了。

长金说，那时候穷，结婚也没有太贵重的礼品，自行车、缝纫机、手表是那个时代的“三大件”，和录音机一起被称为“三转一响”，洗脸盆、笔记本、枕头套、床单就是“添箱礼”。但是对于那个时代的新人来说，能够攒齐这些并不容易，因为在凭票供应的年代里，能够弄齐所有的购物票很难。

有一个新郎就差点因“三转一响”里缺了手表而没结成婚。他和迎亲队伍一大早就开着手扶拖拉机到60多里外的岳母家接新娘子。到了岳母家后，朋友们忙着把早已买好放在岳母家的自行车、缝纫机、收音机以及其他结婚用品搬上拖拉机。但就在这个时候，岳母家就是不放女儿出门。原来，岳母家不满的是承诺给新娘子的手表没有兑现，而且态度很坚决，没有手表绝不出嫁。最后，李忠勇只得向迎亲的人当中借了一块“上海”手表先顶上，这样一来，新娘子出了门，上了拖拉机，婚礼终于得以顺利举行。

操办喜宴也很简单，通知亲近的亲戚和朋友到家吃顿饭，也没有喜糖可分。在那个物质匮乏的年代，谁家结婚分喜糖，是件比较稀罕的事。

80年代：结婚先要搜集票

进入80年代后，在“三转一响”的基础上，又加上了电视机等，那时，自由恋爱也从遮遮掩掩的“文件指示”中大大方方地走了出来，中国人的婚恋观逐渐走向开放。有这样一对新人，他们是一起工作的同事，工作久了，两个人逐渐产生了感情，谈起了恋爱。那时也没有多少花前月下的浪漫，就是一起看看电影，逛逛马路，不过连手都不敢牵，大家彼此还都很拘谨。

当时筹备婚礼也要费不少周折。长金很清楚地记得，那时候，无论什么简单的消费都得凭票，从买白菜、豆腐、布匹、皮革，甚至一盒火柴，到洗澡、理发，都要票。结婚时凭结婚证政府还给补贴一些肉票和糖票，但不足以举办一场像样的婚宴，于是，结婚前三个月，家人就开始到处张罗着“借票”。但那时家具却跟不上时代的发展，于是不少新人就找来木匠做一套组合式家具，放到了只有十几平方米的新房里。

“搭棚子”是当时结婚宴请宾朋的最流行的方式，就是在露天地里搭上棚子请客，既方便又节省。于是，社会上也兴起了一种职业，就是业余的厨师，谁家有事宴请，就会到场主厨。在楼头的地方垒起炉灶，架上铁锅，厨房和宾朋吃饭的地方上空罩上借来的毡布，一个露天厨房就成了，颇有野营的味道……远远望去，整个婚礼的现场就如野战部队的阵地一样。

在长金的记忆里，1985 年前后的婚礼要算最没特色。首先是新人服装还没有太大改观，新郎中山装或者西装，女方红底花棉袄或呢子大衣，看不出很明显的变化；不过礼金数额从2元上涨到了5元。“如果非要给那个时代的婚礼找个特色，要我说就是吃。”长金说，那时人们评价谁家婚礼阔不阔，就是看餐桌上有没有鸡鸭鱼肉，有没有海参、鱿鱼、玉兰片。

90 年代：讲究排场

90 年代是一个日新月异的时代，正逢中国经济体制改革，新人们在打拼事业的旅途中迎来了他们的婚姻。这时的婚宴讲究排场，上星级酒店、请婚宴司仪、长龙般的花车，等等，好不热闹。

1991 年，在某朋友的婚礼上，当了十多年“你来念念”的长金已经有了新名“婚礼司仪”。而且，一台松下 M7 摄像机甚至盖过了新郎新娘的风头，成为婚礼上最为抢眼的装备。尤其是新的婚礼贺词，总令长金感觉风光无限：“一对潇洒美丽的情侣，站在了神圣的婚礼台上，新郎新娘是多么的甜蜜，多么的幸福，真是山笑水笑人欢笑，山美水美人更美。百鸟为你们歌唱，鲜花为你们开放，亲朋为你们祝福，来宾为你们鼓掌！”这套“套词儿”在此后几年，成为长金的看家本领。

这场婚礼还有个小插曲让长金记忆犹新，迎亲时，女方亲友拦着新郎，给了红包才放新郎进来。上世纪90年代初，正是港台影视剧开始在中国内地热播的年代，这一招就是跟港台剧学的。

但在那时，婚礼本身仍不是人们关注的焦点，那时迎亲，人们其实最关注婚车上拉的家具和家电。“三转一响”已经彻底过时，彩电、冰箱、洗衣机新“三大件”的地位已经确立，摆在粉刷一新的房子里也颇有点进入小康社会的味道。

为了留住新娘最美丽的瞬间，婚纱照自然是不能省去的。这时候除了国有照相馆以外，香港、台湾的婚纱影楼已经先后进入内地市场。照相馆不仅提供发型设计还提供化妆服务，可以一步到位。新娘在造型师的一番摆弄下，顿时神采奕奕。那时候还很流行一种超级朦胧的镜头效果，从照片上来看，人本身甚至还有些失真，不过当时很多人都喜欢这种风格。

21世纪：个性婚礼

如今，人们吃好穿好了，对精神生活有了更高追求，对婚礼也越发重视，想留下人生最美好的回忆。2001年，郑州的婚庆市场气候初显，长金与人合资，用自己的名字在工商局注册了郑州首个婚庆公司。这可以看作婚庆走向专业化的一个起点。

长金记得郑州市场出现的第一个婚礼道具——铁艺心形烛台，他在此基础上改成双心烛台并申请了专利。

2002年，他的女儿出嫁，一场别开生面的中式婚礼轰动整个城市，新郎穿着“状元袍”，骑着高头大马去接新娘，新娘坐着花轿，一身“凤冠霞帔”，婚礼由10个司仪主持。这场“招摇过市”

的婚礼，引起媒体争相报道。

从2005年到现在，婚庆市场表现得最活跃、最积极。“80后”进入结婚高峰期，这个强调个性的群体，也想把他们的婚礼变成一次有个性的娱乐表演。他们对婚礼的操办和主持人的选择有了更高的要求。长金说，这个时期公司接到订单时，新人总说，一定要找个好司仪主持。婚庆主持人每次得做足了功课上阵，先了解双方的家庭构成、文化背景，还有跟新人职业相关的一些趣闻轶事，然后再根据两个人的兴趣爱好设计各式各样的小插曲。

长金拿起一份之前设计的婚礼策划书，上面密密麻麻地记录着婚礼道具：心形花门、月亮烛台、半圆形香槟塔、泡泡机、四色灯、追光灯、激光灯、冷焰火、投影仪……策划书上写着：月底，一场童话婚礼即将举行，婚礼故事情节取材于童话《睡美人》，主角就是新郎和新娘。而原来只靠一名司仪就可以独撑场面的婚礼，现在需要一个团队才能完成，市场催生了诸如婚礼策划师、督导师、灯光师、DJ师等新兴职业。

还是主持人

杨 澜

1978年：小学生

2008年：全国政协委员，资深传媒人士，多个电视栏目主持人

在杨澜的心中，和睦与宁静的家庭是她信赖的港湾。出生时，爸爸正在阿尔巴尼亚作外援专家，出生后不久，她就被妈妈从北京送到上海的外婆家寄养。1978年，她才被接回北京，回到日夜思念的父母身边，这份迟来的家庭快乐是她最为珍惜的幸福。

上高中之前，母亲的身体状况不是很好，家里的扫地、洗床单、买菜、做饭、换煤气等杂事，都由杨澜一手承担。一个十五六岁的女孩子开始为整个家庭拿主意，过早地操持家庭生活，造就了她独立的个性，也为她以后的人生之路铺好了坚实的路基。

做一个聪明的主持人

1990 年，一个很偶然的机遇使杨澜成为电视主持人。当时，她即将从北京外国语学院毕业。中央电视台筹备中的《正大综艺》总导演在北京的各大院校物色女主持人。因为辅导老师的青睐，杨澜被推荐去参加面试。

此前，杨澜没有考虑过选择主持人作为职业，对如何做主持人也很少关心。1980 年 7 月 12 日，中央电视台《观察与思考》片尾第一次打出了“主持人”这个称谓，从此中国才有了“主持人”这个职业。那时的主持人风格更接近播音员，相貌和语音是挑选主持人时考虑最多的两个因素。

在北京外国语大学的大教室里，《正大综艺》的最后一轮复试在进行着。最后面试的题目是这样的：第一，你将如何做这个节目的主持人；第二，介绍一下你自己。杨澜是这样开始的："我认为主持人的首要标准不应是容貌，而是要看她是不是有强烈的和观众沟通的愿望。父母给我起名澜，就是希望一个女孩子能有海一样开阔的胸襟，自强、自立，我相信自己能做到这一点……"杨澜侃侃而谈，一口气讲了半个小时。讲完后，屋子里非常安静，听众都被吸引住了……

杨澜以其自然清新的风格、镇定大方的台风以及出众的才气脱颖而出。但是，面试时直到第六次试镜她仍未获通过，而只是在"被考虑范围之列"。杨澜知道后，就坦率地告诉导演："虽然我不敢说我很漂亮，但我认为我有气质。如果能够有这个机会的话，我希望做一个聪明的主持人。"

正是这种坦率和执着打动了导演，杨澜赢了。

最亲近的主持人

《正大综艺》是中国最早开始娱乐实践的综艺类节目。在录制第一期节目时，初出茅庐的杨澜一脸稚气，紧张得双手冰凉，全身冷汗。在那个电视栏目极其匮乏的年代，除了新闻，就是生活服务类节目，还有就是引进的译制片和仅有的几部国产电视连续剧。《正大综艺》犹如一股清风，获得了亿万观众的关注和认可。每到周六，看完《新闻联播》，各家各户的电视保准一色地调到中央二套。在外遛弯的，听到电视里传出来的《正大综艺》的片头曲，来不及往家赶，就会到附近找个小店或就近到朋友家看完节目再回家去。年龄小的会模仿电视中的杨澜，先一歪头后一伸手再说出"不看不知道，世界真奇妙"，成年人会在周一上班时相互比试谁更多地回答准了节目中的问题。那时的观众很宽容，即使杨澜偶有口误，也不会追究，一笑了之。倒是爸爸妈妈会把每期节目都用录音机录下来，记录下一大堆毛病。父母的支持和鼓励总是给杨澜无尽的温暖。

《正大综艺》是杨澜从青涩走向成熟的人生阶梯，更是决定她命运的一个巨大的契机。1994年，从事电视主持仅仅四年的杨澜就获得了首届中国主持人“金话筒奖”，这是中国电视主持人的最高荣誉。在很多观众尤其是青年观众的心目中，杨澜是当时最杰出的电视节目主持人。四年央视主持人的职业生涯，不仅开阔了她的眼界，更确立了她未来的发展方向：做一名真正的传媒人。

从主持人到传媒人

作为中央电视台的当红主持人，杨澜主持了央视那个时期几乎所有的重要晚会。一次春节晚会本来准备有6名主持，多遍彩排之后，导演组突然决定不用其中一位主持人，但却没人去通知她。那天，被撤换下来的主持人兴冲冲地拿着礼服到化妆间，化妆师说没她名字，她只有黯然伤神地走了。坐在一旁的杨澜突然产生了一丝危机感，从那一刻起，她觉得自己应该开阔视野、丰富知识，不要再沉迷在鲜花和掌声中了。

1994 年 1 月，在录制完《正大综艺》第 200 期特别节目的第二天，杨澜登上了飞往美国的航班，开始一种全新的生活。在美国求学期间，杨澜利用业余时间与上海东方电视台联合制作了《杨澜视线》。这是一个关于美国政治、经济、社会和文化的专题节目，也是杨澜头一回以独立的眼光看世界。她同时担当策划、制片、撰稿和主持，总共40集的《杨澜视线》发行到国内52个省市电视台，杨澜由此实现了从一个娱乐节目主持人向复合型传媒人才的过渡。

进军商界

1998年1月，《杨澜工作室》在刚刚成立的香港凤凰卫视中文台正式开播。在“工作室”里，杨澜不只是主持人，还是当家人。自己做选题，自己负责预算，组里所有的开支，她都必须精打细算。刚开始她还很不适应，因为内地的电视台做节目时只需要考虑节目如何才能做得好，成本和收益由专门的部门负责，但这对杨澜来说是一个非常好的锻炼，不久，内地的电视栏目也广泛采取了这样的操作模式。在随后的两年时间里，杨澜一共采访了120多位名人。这些重量级的人物为她未来的发展提供了难得的人际资源，与不同行业不同背景的嘉宾交流，也让她的信息量获得极大的丰富。两年后，她已经有了质的飞跃。对她而言，进军商界所欠缺的只是资本而已。还好，她的先生正是深谙资本运作的高手。

1999年10月，杨澜辞去了凤凰卫视的工作。4个月的沉寂后，她突然宣布收购良记集团，更名为阳光文化网络电视控股有限公司，成功地借壳上市。2000年8月7日晚，以历史文化及人物传记为主题的卫星电视频道——阳光卫视在香港开播。杨澜始终站在阳光卫视的前面，高调地出现在观众面前。对传媒资源的驾轻就熟，使得她的阳光卫视一出生就有了许多优势。但杨澜创业不久，就遇到了全球经济不景气，这个一心想做好节目的传媒人却要天天想着公司的经济效益。做到第3年的时候，“阳光文化”已经很难再融资了，面对“应该转型”的善意提醒，杨澜还是选择了坚持。先生一直坚定地支持她，夫妻又投入了一大笔资金，但短短3年间，阳光卫视累计亏损超过两亿港元。2005年，夫妻俩将共同持有的阳光集团权益的51%无偿捐献给社会，同时辞去了包括阳光媒体投资董事局主席在内的所有职务。杨澜坦言自己“到底不是一个商人的料”，她选择了重回她所熟悉擅长的文化电视节目的制作中。

重持话筒

当杨澜选择重做主持人的时候，正好赶上了中国电视业迅猛发展的浪尖，卫星频道、有线频道、数字频道甚至境外落地频道百舸争流，频道专业化、栏目个性化、节目精品化成为相互之间竞争的目标。而电视节目主持人的“漂亮面孔”也被“智慧大脑”所取代，观众对主持人知识广泛性、实用性、幽默性的要求超过了对其外貌的欣赏。

2005年，杨澜开始主持针对中国都市女性观众的大型谈话节目《天下女人》。她没有奢望《天下女人》能像当年《正大综艺》那样老少皆宜，仅仅把受众群锁定在25岁到38岁的都市女性，内容也只是探讨关于她们生活与工作的经验和存在的问题。还是每周六晚上，当年《正大综艺》的观众中的一部分还会守时地与杨澜相约在电视机旁，听这个他们看来具有大智慧的小女人与嘉宾谈论属于自己的话题，而更多的观众只是在偶尔碰到与杨澜相关的报道时想起当年的那个青涩女孩，先一歪头，后一伸手，再说出“不看不知道，世界真奇妙”。

残疾女教师的教育长征

王生英 | 1978 年：河南省林州市衡水镇西平村小学教师
2008 年：河南省林州市衡水镇卸甲平村小学教师

她的学生曾给她算过一笔账：她每天往返学校和接送学生，至少要走12公里的路程，12公里 × 300(每年上课的天数) × 30(年) = 108000公里，30年来，她走的路正好是绕地球两圈半的长度。而她，却右腿残疾。她是太行山下卸甲平村小学的一名女教师。

选择：风雨无阻教书路

幼时的王生英，家境贫寒，为了供她上学，父母省吃俭用，拼命干活。父亲冒着危险进山采石头，母亲熬着夜纺棉花，一个晚上才能挣3毛钱。1974年，她高中毕业，正好东平村学校要招一名民办教师。通过招聘考试，她顺利登上了讲台，从此再没有下来。

当时的王生英只是一名民办教师，工资少得可怜，最初只有5元钱，别说补贴家里，就是维持自己的生计也很艰难。

卸甲平村有6个自然村，村与村之间不是隔着山，就是隔着河。从王生英家到学校，中间隔着一条大河，平常需要走半个钟头的路程。王生英腿脚不便，摔跤是常有的事。山里的雨水总是很多。1978年夏季的雨下得特别大，持续的时间又特别长。有一天，眼看着雨一直下个不停，她怕破旧的校舍倒塌，为了学生们的安全，她果断宣布："从明天开始，大家都不要来学校了，直到雨停天放晴。我去家里给你们上课。"就这样，此后20多天里，她每天都顶着风、冒着雨，跑遍全村，挨家挨户地给学生上课。雨大，路滑，健全人都难免摔跤，何况她腿脚不便。有一天，当她刚摔了一跤，满身泥水地出现在学生王敏淑家的门口时，一家人都感动得流泪了。

承诺：不能撇下学生不管

80 年代中期，王生英的工资从原来的每月 5 元涨到了 20 元，但这并没有改变家里的生活状况，随着她爷爷奶奶的先后去世，家里借了不少外债，生活变得更加艰难了。当时，河南省林州市的建筑队在全中国闻名，林州人外出务工大都收益丰厚。1985年，王生英的丈夫王合生在东北承包了一个建筑工程，兴冲冲地跟她商量："咱俩一块去东北吧，我管工地，你当会计，不用受累，挣钱又多，比你在家教书强多啦。"丈夫的心情她最清楚不过，他是心疼自己，也是为了这个家好。"可我走了，这些学生咋办呢？不就是因为前面的老师不干了，我才当上了老师，我咋能也把学生们撇下不管呢？"劝不动她，丈夫只得一个人去了东北。

桃园学校的教师走了，四个年级的学生没有人教，她自愿顶了下来。语文、数学、音乐、美术、体育，就她一个老师。教室设在一个废弃的仓库里，因为多年没人过问，破旧不堪，外面下大雨，里面下小雨。墙皮四处脱落，还有两个大窟窿。地面坑坑洼洼，支撑桌面的泥墩歪歪扭扭，经常倒。而且，学校旁边连个厕所都没有。好在这时，王合生因为说服不了妻子，又放心不下一家人，已经放弃了东北的工程，回到家里。从那以后，他成了学校的义务后勤，修理门窗、修整地面、粉刷墙壁等都是他的义务工作，夫妇俩还拿出自家的钱买来100多片瓦，补好漏天的屋顶，又给学校建了一个厕所。

在王生英的学生里，有个男孩叫李增华，下肢瘫痪，只能靠双拐行走。面对他要上学的央求，父亲很为难：王老师本身就有残疾，怎么好意思再给她添个累赘？增华的情况，王生英很清楚。望着孩子渴望上学的眼神，她想起了童年时的自己。既然当了老师，就不能放弃任何一个学生。“把他交给我吧！”她对增华的父亲说，“孩子虽然残疾，但是他和其他孩子一样，也有受教育的权利。”这时：桃园学校已经离开坍塌了的仓库，搬到了一所房子的二楼。王生英每天背着小增华上楼、下楼，背着他上厕所，帮着他解腰带、系鞋带。随着增华年龄的增长，背他上楼越来越吃力。有一天，王生英腿一软，两个人一起摔倒在楼梯上。刚从地里劳作回来的王合生扶起了妻子，背起增华上了楼，并从此接过了每天背增华上下楼的任务。就这样，夫妻俩接力似的背着增华，走过了他在桃园学校求学的四年。

责任：把学校搬进自己家里

1993年春天的一个风雨之夜，狂风大作，暴雨倾盆。第二天早晨，当王生英早早地来到学校时，她惊呆了，那个被他们当做教室的仓库，经不住风吹雨打坍塌了。孩子们到哪里去上课？村里再也找不到一间可以容纳50多个孩子的房屋。到外村学校去借读？也不行。到外村上学要途经两条狼路，野狼经常出没，随时都有危险。无奈之下，王老师只好在原来教室的废墟旁支起了黑板，开始了露天教学。仓库旁边一直有个羊圈，露天教学时间长了，羊身上的寄生虫爬到了学生身上……这不是久呆之地，王生英手里提着小黑板，腋下夹着课本，带着50多个学生开始转移。最后，她决定把学生带回自己家上课。四个班52名学生，里屋一个班，外屋一个班，门前两边的平台上一边一个班。家，顿时被学生塞满了。她感觉像是和这些学生组成了一个大家庭，丈夫是爹，自己是妈。总是在这样拥挤不堪的环境下教学，也不是长久之计。王生英有了一个大胆的念头：在自家房子上加盖一层，给学生们当教室。

对当时王生英一家来说，这想法的确不现实。1989 年，合生患病欠了一笔债还没还上；1991年，家里盖这层平房又添了一笔新债。当时，王生英的工资是每月 40 元，靠什么来建房？两口子一合计，为了给学生们一个能安心学习的地方，就是砸锅卖铁，教室也要建起来。他们先把家里的大豆、玉米、谷子、小麦全都拉出去卖了。屋里一下子变得空落落的，可盖房的钱却还差好大一截。砖瓦是从邻乡赊来的，木材是跟姨夫借来的。姨夫家远在安阳县，合生光去拉椽子和檩条就跑了三趟。钱还是不够，只有向亲戚借了。好在她有姊妹6个，丈夫有弟兄7个，关键时刻，兄弟姐妹都向他们伸出了援助之手。为了建这层教室，夫妻俩欠了3万元的债，直到 2000 年才还清。

那些日子里，王生英和丈夫一起挖沙、刨石子、搬砖、和泥，没日没夜地干，两只手上都是大血泡，连膝盖也隔着裤子磨出了泡。由于教室建在二楼，为了学生们的安全，她特别嘱咐丈夫给楼梯的走廊焊上了铁栏杆。5间房子终于盖好了，孩子们总算有了宽敞、安全的教室，夫妇俩却累倒了。原来 60 公斤体重的王生英，只剩下 43 公斤。

师魂：教育是一生的使命

2001 年，国家进一步加强农村教育工作，开始实行“两免一补”的政策。对于贫困家庭的学生，免杂费、免书本费，补助寄宿生生活费，山里的孩子们再也不用为学费发愁了。2003年，随着农村中小学布局调整，分布在几个自然村的教学点，全部合并成卸甲平学校。政府投入5万多元危房改造资金，为学校修建了9间新教室，学校的老师也增加到了5位。王生英和她的学生们也从此告别了以家为校的日子。

从1993年到2004年，王生英先后培养出了200多名小学毕业生，其中有15人后来考上了大学，有六人当上了村里的干部。

2004年秋季开始，农村小学也要开设英语课，而卸甲平学校当时根本没有英语教师。这时，年近50岁的王生英又翻出英语书来，跟着电视学，跟着复读机学，硬是承担了全校的英语课。如今，学校的远程教育室也已建成。所有这一切的努力，按她的话说，就是“让这些可爱的农村娃们也能像城里孩子一样，享受优质的教育资源，接受全面的素质教育”。如今，她每月的工资是1200多元，每天吃住都在学校，真正是“以校为家”，只有周末才回自己家看看。女儿和儿子都已长大成人，上了大学，他们和丈夫依然像当年一样支持她的工作。

始于 1978

张艺谋

1978 年：陕西咸阳国棉八厂工人

2008 年：广西电影制片厂导演，北京奥运会、残奥会开闭幕式总导演

张艺谋这30年的从影经历足以构成一部让人惊叹的当代传奇：他所获奖项不下百种，是亚洲获奖最多的电影艺术家。在世界影坛上，像他这样，无论做摄影，还是做导演，均能取得如此巨大成就的人并不多见。另外，与众多奖项同时并存的是张艺谋影片极高的票房价值。他的影片，以令人称奇的艺术性和商业性征服了中国和世界的电影市场，使他成为一名在国内外享有较高知名度的电影艺术家。

“触电”

1978年5月，北京电影学院在经历了社会动荡之后重新面向社会招生。曾在全国摄影作品大赛中获一等奖的张艺谋听到消息后暗暗欣喜，趁着去沈阳出差的机会，他将自己的摄影作品带到了北京电影学院。摄影系的老师接待了他，看着他从华山拍来的60幅作品，老师们爱不释手，说：“从来没见过摄影基础这么好的考生。只可惜，超过了入学规定年龄6岁，学校不能录取。”绝望之中，张艺谋抱着一线希望给当时的文化部长黄镇写了一封言辞恳切的信，并附上了他的摄影作品。黄镇爱才，对电影学院的招生办下达了指示：发现特殊的摄影人才张艺谋，因已超龄，不能参加考试，希望破格录取，学习两年，以图片摄影为主，学习期满后可考虑分配到中央新闻纪录电影制片厂从事新闻或图片摄影工作。

1982年7月，张艺谋从北京电影学院摄影系毕业，分配在即。“坚决服从党的召唤，好男儿志在四方”是当时临近毕业挂在各大学礼堂里的横幅标语，是否服从分配是当时一个大学生思想好坏的标志。虽然专业上最优秀的人才是可以根据需要特批留京的，但是实际上真正得到北京户口的外地学生，可以说是百里挑一，数量很少。当时的政策是毕业生尽量回到生源地，要是学生所在城市没有电影厂，就在尽量靠近的电影厂安排就业，学院主管部门要尽量调配好学生个人志愿和用人单位之间的关系。对外地学生来说，在京外的电影厂中能选个好一点的地方是最现实的选择。广西电影制片厂当时刚建厂不久，由于地处边远，没有学生愿意去。于是派了一位领导专程到北京和电影学院协商，希望派一套完整的人马去广西，人数可以在10名以上。远道而来的领导说，那里没有创作力量，年轻人去了之后，可以很快拍片，迅速独挡一面，完全不像北京、上海、长春这些老厂，毕业生从助理和副导演熬起，没有十年八年别想出头。学院和摄影系的领导都表示全力支援，并说要派就派最优秀的人才。张艺谋就这样被分配到了广西电影制片厂担任摄影师。

第五代电影开篇

与张艺谋一同从北京电影学院分配到广西电影制片厂的还有张军钊、萧风和何群。因为厂里缺人，1982年年底，刚做了一部戏的实习或助理，他们就获准独立拍片。四位年轻人异常兴奋，到文学部的编辑那儿要了《一个和八个》的剧本，看完以后当时就决定要拍这个戏。厂领导和老同事对刚来的大学生抱有厚望，同意他们修改剧本，对他们的按照“诗电影”的路子来拍也表示支持，尽管对于结尾部分有些不同意见，厂领导还是决定放手让他们试试。领导希望《一个和八个》能“标新立异”，四个年轻人一致同意这部电影要突破传统“学院派”的那种墨守成规的拍片方式，更多地体现个性的张扬和与众不同。体验生活、搜集素材、选演员等开机前的策划和准备工作用了七八个月的时间。他们辗转华北和西北，每一个人对剧本以及人物的塑造都投入了很多心力，都把这部电影像对自己的孩子那样呵护。当电影拍好拿到电影院去放的时候，四个人坐在后面的放映室里，透过小窗子看到影片结束后观众站起来使劲地鼓掌，他们知道这部影片成功了。

《一个和八个》被誉为中国电影第五代电影的开篇之作，而张艺谋自然成为第五代电影人中的一个代表性人物。这批电影人在少年时代经历了中国社会的大动荡，插过队，下过乡，经受了10年“文革”的磨难。在改革开放的年代，他们接受专业训练，20世纪80年代从北京电影学院毕业，带着创新的激情走上影坛。他们对新的思想、新的艺术手法特别敏锐，力图在每一部影片中寻找新的角度。他们强烈渴望通过影片探索民族文化的历史和民族心理的结构，在选材、叙事、刻画人物、镜头运用、画面处理等方面，都力求标新立异。“第五代”的作品主观性、象征性、寓意性特别强烈，时至今日，仍是中国电影的主流，左右着中国电影的方向。

在张艺谋担任摄影的《黄土地》、《大阅兵》等影片中，他以追求画面造型的力度和象征性而广受赞誉。后来，他开始涉足导演，《大红灯笼高高挂》、《秋菊打官司》、《有话好好说》等作品入围国际重要电影节，并获大奖。他的电影在风格和语言上不断探索、创新，引领了国内新的电影潮流。

变局中坚守

80年代末期至90年代中期，中国电影市场的急剧变化，曲高和寡的“探索片”难以为继，中、青年导演在艺术追求上开始走向分化。部分导演拍出了探索性与观赏性相结合的影片，其中，《红高粱》等是最有代表意义的作品。张艺谋导演的《红高粱》以崭新的艺术形式，描绘了中国二三十年代一群农民古朴、野性的生活和他们与侵略者浴血奋战的过程。影片获1988年国内电影界最高政府奖金鸡奖和当年国内电影界最高群众性评奖百花奖，以及当年西柏林国际电影节大奖金熊奖等8项国际奖。1993年，国家人事部授予张艺谋“中青年有突出贡献专家”称号。

世纪之交，中国电影再次进入低谷，张艺谋却表示出了一种少有的乐观与自信。他认为中华民族有着自己悠久的历史和文化传统，对于外来文化，更多的是包容、吸收与同化。中国人不会永远喜欢看外国大片，那种新鲜、刺激很快就会消失，亿万中国观众更喜欢本土的、传统的东西，国产片的国内票房一定会超过外国大片。90年代中后期，张艺谋等“第五代”导演的一系列成功作品将浓郁的中国风情推向国际舞台，随之而来的是一系列国际电影节大奖，影响所及使整个世界重新认识了中国——一个魅力四射、潜力巨大却仍显神秘的中国。1995年，张艺谋被加拿大蒙特利尔国际电影节评为“全世界十大杰出导演”之一，1996年又被评为“20世纪世界十大最具成就导演”之一。

与电影创作繁荣同步，中国电影评论也异常活跃。改革开放似乎首先解放了评论家的笔，文笔恣肆、一鸣惊人的文章常常令读者目瞪口呆。张艺谋对批评文章总是报以坦然的微笑，与众不同的电影、与众不同的评论共存，这是中国社会文明民主的重要标志。

永恒的张力

2002年的《英雄》是张艺谋第一部古装商业大片，全球票房1.77亿美元。此片获多项国际大奖，德国威斯巴登电影评价中心将其评为“特别有价值”电影。此后，他导演的《十面埋伏》、《满城尽带黄金甲》等几部大制作接连受到世界的认同。从张艺谋开始，中国“第五代”导演用自己的作品向全球影人和观众证明了中国电影走向国际的能力。

除电影外，张艺谋“副业”颇多。他执导过歌剧、芭蕾舞剧、大型山水实景演出，拍过北京申奥和上海申博的官方宣传片，拍北京奥运会会徽、火炬宣传片，给丰田威驰拍过广告，担任网络游戏的艺术总监……他说，人的潜力是无限的，一个人就像橡皮筋一样，须不断地拉，在这个过程中挑战自己的极限，不断扩展自己的能力。这也是他们那代电影人在这30年中展现出的一种韧性和张力。

2008年是张艺谋格外忙碌的一年，作为2008年北京奥运会开、闭幕式的总导演，为了给全世界人民上好这道中国菜，张艺谋和他们团队承载着神圣的责任。2008年8月8日，“鸟巢”，北京奥运会开幕式的盛况超乎人们想象，它向人们展开了一幅博大精深的中国历史和文化长卷。人们记住了这个神话般的夜晚，更难以忘记张艺谋和他们团队惊人的智慧与辛勤的汗水。

大地震后的新生

周宇存

1978年：河北省唐山市丰润县建筑队临时瓦工

2008年：河北省唐山市丰润建筑开发公司退休职工

大地震突袭唐山

1976年7月28日的夜晚，建造唐山市百货仓库的临时工周宇存停下了手里的活儿，与这个城市慢慢入睡。留在丰润县农村务农的妻子王淑芹和老母亲挤在炕上，却怎么哄也无法让两个女儿睡着。太热了，连院子里的鸡、兔子都烦躁无比。王淑芹起身喝口冰凉的井水，回到炕上却突然觉得一阵凉意。突然，她看见窗外一片闪电，可是隐约觉得不对——闪电之后为什么没有雷声？闪电都是一闪而已，怎么这个闪电时间有点长啊？大概有几秒钟的功夫，闪电熄火了，从枕头下面传来一种从未听到过的沉闷的声音，就像一头牛在井底的叫声，王淑芹平生第一次感受到什么叫毛骨悚然。30多年过去了，那种声音仍然响在她的耳边，就像刚刚发生的一样。

县城里的周宇存意识到地震来了，整个唐山被漫天的迷雾、石灰、黄土、煤屑、烟尘以及一座城市毁灭时所产生的种种死亡物质笼罩着。他和惊慌的人群一起漫无目标地狂奔，余震接踵而至，他唯一的奢求就是活命。相当于400枚广岛原子弹威力的里氏7.8级大地震，让唐山这座百万人口的工业城市第一次失去了它的黎明，火车站、剧场、医院、所有的建筑都面目全非……

废墟上重建家园

因为重建需要大量的建筑工人，地震又造成了数十万人的死亡，周宇存“转正”到了施工队，留在城市搞建设。施工队从废墟中捡出石头、整砖和木料，就近取土，在参加抗震救灾的解放军官兵的帮助下，盖起了大批简易房。简易房结构简单，一是人字梁起脊房；二是前高后低滚水房，室内搭火炕，烟道由房后出去。只需要建起四柱木架，顶上铺苇席、草袋，上面再铺以油毡，用砖或石块压住。四壁砖石只砌到窗台，上半部用苇箔支撑内外抹泥。朝阳方向安装上门窗，没有玻璃就钉上透明的塑料布。

简易房成为唐山震后一大景观。从空中看，唐山人一下子又回到“构木为巢”的“原始时代”，形形色色的窝棚挤满了整个城市。简易房虽不美观，但能遮挡风雨，不怕地震。“简易城市”存在时间并不长，简易房的生命有的只有两三年，但在城市周边的也有长达 10 年之久，它庇护着唐山人度过了震后最艰难的那几年。

震后的城市破，农村却是穷。当时，周宇存家有四个孩子，白天因为要到生产队挣“工分”，王淑芹只好在老三、老四的屁股后面垫上尿布，把他们放在木制的大脚盆里。中午，就由姐姐随便做些菜汤分给弟弟妹妹喝。晚上是正餐，白薯面和着稀粥，每人一个蒸红薯。吃肉，得等到每年春节时生产队分。1977年，周家每人分到了3两，1978年，每人分到了半斤。后来，土地包产到户，周家拿到了10亩水田、2亩旱田，日子稍微好过一点，是粮食就吃，但不至于饿肚子了。孩子慢慢长大，白天在村小学习，傍晚帮妈妈和奶奶锄草、砍柴、收稻子。因为农村太苦，周宇存和王淑芹很希望孩子能“跳农门”。所以即便家里再困难，即便村里的小学只开到四年级的课程，他们还是借钱把孩子送到隔壁村子的高小念书。

到 1986 年唐山地震 10 周年时，23 万户唐山人搬进新居，简易房完成使命，一个现代化城市取代了“简易城市”。这年，周宇存当上了建筑公司的施工队长。他在城乡结合处，利用人家丢弃的简易房材料，建了一座简易工房。妻子扶着婆婆，姐姐牵着弟弟走进了工房，从此一家结束了聚少离多的生活。小儿子没有见过这样的房子，很是稀奇，周宇存抱起儿子，得意地向他指着城市中心的方向说:“县委书记的办公楼也是这样的。”儿子不信，周宇存索性带着一家人进城去。路上，路过一家照相馆，周家拍了一张全家福。后来，每当儿女出嫁或是外出读书，老周都会送给孩子这张照片。在他看来，一家人的幸福生活就是从那时开始的。

宜居城市，别样幸福

1993 年，周宇存通过“打分”分到了单位的一套 106 平方米的单元房。虽然孩子多，但因为唐山到处都在搞建设，身为项目经理的他收入还不少，加之王淑芹在丰润县汽车站找到了一份工作，大女儿也中专毕业有了工作，一家7口已是衣食无忧。第二年，二女儿考上了当地的大学，1996年三女儿考上了四川气象学院，1999年儿子考上了中国政法大学。看着孩子们一个个都很争气，周宇存很高兴，挣起钱来也有了动力。

丰润县和唐山的北部新区合并后由县改区，更名为丰润区，老两口在这里换了套138平方米的大房子。选择这套房子，不光因为面积大了，更因为环境更好了。周边的新开公寓、艳阳轩等高层建筑矗立挺拔，干道景观别具一格，蓝天、绿地与高楼大厦交相辉映。出门不远便可以到希望广场、人民广场、新生命广场锻炼身体，还可以到还乡河公园、百趣园、静园、石门苑等园林散散心。集中供热、供燃气也给老人的日常起居带来了不少方便。天气好的时候，老两口经常会去城南的南胡公园走走。由于唐山市地下蕴藏着大量的煤炭资源，上百年的开采和地表的变化造成这里大面积下沉，成为城市环境的“疤痕”。大量的垃圾和废弃物堆放在这里，成了终年冒着臭气的垃圾山和蚊虫孳生的臭水池。当年搞房地产开发时，周宇存也看上了这里优越的地理位置，但总是担心没有人会到这里来买房子，忍痛放弃了。1997年起，政府开始对这片采煤下沉区进行平整土地和植树活动。这个昔日污水横流、垃圾遍地的废弃地终于改变了面貌，如今成了兼具优美环境、森林风貌和水景风光的“南胡公园”，并因此获得了迪拜“国际改善居住环境最佳范例奖”。

如今的周宇存已经退休，每月1380元的养老金，加上四个孩子按各自工资收入的10%交纳的养老金，生活已经相当宽裕了。但闲不下来的老周与别人合伙开了一个养殖场，收入还算稳定。加上原先的两套旧房也为老两口带来了不小的收益——因为举办绿色奥运，北京的首钢整体搬迁到唐山的曹妃甸，曹妃甸一夜之间成为了中国北方最瞩目的工业园区，2007年在唐山又探明储存量高达10亿吨的石油，唐山又处于新一轮大开发的黎明——多年从事房地产开发经验的周宇存靠着“倒腾”房屋也小发了一把。2006年，他换掉了伴随自己6年的面包车，从北京开回了“雅阁”。“雅阁”在唐山绝对是经济型轿车，2006年这一年，在唐山市区就增添了78辆奔驰。

对于孩子们的婚姻问题，老两口从来都没有干涉，只是要求一定要“意识形态好”(就是人品要好)。老大是1995年结的婚，大女婿是农村人，婚礼也是在农村办的。男方家里条件不好，定亲给了老周2000元，结婚又给了老周3000元。老伙计说5000元就把你家闺女打发走了，老周没多想，儿孙自有儿孙福，闺女喜欢就行了。二女儿是1999年结婚的，女婿还是农村人，但是条件要好些，定亲时给了老周1万元聘礼。婚礼是在城里办的，双方家长找来两辆奔驰，好几辆奥迪做婚车，婚礼特意选在了刚刚开业的京唐宾馆——那可是北京驻唐山部队开的宾馆，很给老周长面子。老三和三女婿2007年在成都领的结婚证，没有婚礼，直接就去海南三亚度蜜月了。三女婿没有给老周聘礼，也没有给老周操办一个风光的婚礼来，但老周还是乐得合不拢嘴，给老伙计介绍新潮的“旅行结婚”。老四毕业5年了，在北京的政府机关工作，勤奋加能干，很得领导的赏识。老周总是教育儿子：“自己的能耐自己要清楚，不要看重官位，不要有虚荣心，否则脚跟就会不稳。”老周现在唯一操心的就是儿子还没有女朋友，儿子说他一直在按照父亲的要求找，工作、待遇、相貌都不看重，关键是“意识形态要好”。

木头变黄金

张果喜

1978 年：江西省余江工艺雕刻厂厂长

2008 年：江西果喜集团董事长，全国政协委员，江西省光彩促进会副会长

张果喜并不是最富有的企业家，但他是中国第一个获得小行星命名的企业家。1993年，由中科院紫金山天文台提名，经国际小行星命名委员会批准，国际编号为3028的一颗小行星以张果喜的名字命名——他成为中国企业家中摘“星”第一人，在此之前，只有美国的哈默博士是以企业家的名义获此殊荣。然而，选择张果喜并不是因为他是中国内地第一个亿万富翁，而是因为他和他的企业历年来为社会公益事业所作的贡献。

亿万富翁本是小木匠

张果喜热衷于公益事业，与贫困的童年是分不开的。两岁时，母亲去世。刚升入初中，“文革”的洪流冲散了他的学业。1967年，15岁的张果喜只好到余江县邓家埠农具修造社木工车间当学徒。五年以后，木工车间从修造社分离出来，张果喜当上了厂长。名为厂长，可是他从农具社得到的，除了3平板车木头和几间破工棚，就只有21名职工和他们的家庭近百口人的吃饭难题，以及从修造社分离出来的2.4万元债务。到发工资的日子，厂里却连一分钱也没有。张果喜把家里的房子卖了，那房子已经住过张家祖孙三代人，卖得的1400元，张果喜全部拿到厂里，这成了他们最初的本钱。

单靠这点钱，发工资也发不了几回。受在余江下放的上海知青的影响，他想到了去上海找业务。他和3个人带了200元钱，闯进了大上海。晚上舍不得住旅馆，就蜷缩在第一百货公司的屋檐下打盹。听说工艺品进出口公司在以每套300元的价格收购樟木雕花套箱，他就来到公司，提出要承做一批。公司领导听说他们是余江县来的，那可是毛泽东主席专门写过两首诗赞扬的地方呀，二话没说，预定了 50 套。就这样，张果喜与工艺雕刻结缘了。

第二次闯进大上海，是 1979 年秋天。同样在上海工艺品进出口公司的样品陈列厅里，他看中了比雕花套箱值钱得多的专门出口日本的佛龛。佛龛虽然不大，结构却相当复杂，成百上千个造型各异的部件，只要有一块不合规格或稍有变形，到最后就组装不起来。因为工艺要求太高，许多厂家都不敢问津，但张果喜却看中了它用料不多却价格昂贵的特点，这差不多是木头变黄金的生意。张果喜自任攻关组长，进行技术攻关，组织人员生产，佛龛顺利地打入了日本市场。20世纪80年代初，他的个人资产就已达到3000万美元，成了新中国的第一个亿万富翁。

从专注“余雕”到多元发展

为了能在国际市场上站稳脚跟，张果喜对产品的质量有着极其严格的要求。有一次，他发现佛龛横梁上左右两条龙中左边的龙须比右边的龙须短了两厘米，他竟生气地摔断了那根价值几百元的横梁。还有一次，一个日本客商说产品运到日本后散了架，提出要索赔。他把日本客商带到仓库，让他任意挑出一箱进行测试。工人将客商挑出包装好的木箱高举到离地两米，然后摔到水泥地上，接着又再摔了一次，然后打开木箱，请客商检查。日本客商看到，尽管包装箱已被震裂，箱内的佛龛却一丝一毫都没损坏。就靠着过硬的质量，张果喜战胜了资历深、技艺高的韩国和台港对手，佛龛这个“雪球”在他手中越滚越大。他后来建立江西工艺实业有限公司，主攻油漆项目，使半成品的木雕产品变成漆器成品，不但大大提高了木雕产品的附加值，而且使“余雕”产品在国际市场上的竞争力大为增强。同时，他通过组织“日本佛龛经销协会”，把日本分散的中小企业组织起来专销“余雕”产品。

1990年，日本经济衰退，随后1997年的东南亚金融危机，使日本经济下滑到战后谷底，佛教产品市场也随之变得异常萧条，很多佛教产品的生产、经销厂商关门倒闭。面对这一形势，张果喜冷静地分析后认为，这种萧条只是暂时的，宗教是日本民族文化的显著特征之一，只要有日本人存在，就需要佛教类产品。在市场一直低迷的情况下，张果喜非但没有考虑退出佛教产品生产领域，而且从劣势中寻找优势，在原有一个成品厂的基础上，加大投入4000万元，再上了两个成品厂。随着两年后日本经济逐步复苏，集团的佛教产品生产正好迎合了市场所需，销售量进一步加大。张果喜占领了日本六成的佛龛及零配件市场，成为日本佛龛市场的龙头“老大”。

在占领佛龛市场的同时，张果喜在海南迈出了多元化经营的第一步。1988年海南建省，并成为中国最大的经济特区。海南岛一下子成为全中国的聚焦点，各个年龄、各种职业、各个层次、各种文化背景、怀着各种愿望与期待的人们成群结队、纷至沓来。从早到晚，从大陆一侧的海安码头渡过琼州海峡的每条船都挤得满满当当，可密集攒动的人头仍在不甘心地拥挤，这就是号称“十万人才过海峡”的真实写照。“要挣钱，到海南；要发财，炒楼花”流传开来。七届人大通过关于建立海南经济特区的决议，张果喜是举手赞成的几千名全国人大代表之一。会后，他立即决定投资海南房地产业。他随着人流越过琼州海峡，踏上了拓荒者们心中的淘金地，跑遍海口的角角落落，然后选中了风光迷人的三亚，决定投资2亿元在这里兴建一座大酒店。

此后，张果喜又在海南投资1亿多元开发旅游和房地产项目。但出现“高烧”后的海南，国民经济出现了大面积的市场疲软，导致“大起大落”。加之1993年全国的经济形势不容乐观，零售物价指数同比上升了10%以上，人民币美元汇率半年间贬值45%，决策层做出了经济过热和通货膨胀的判断。这年，国家开始了对房地产市场进行大规模的清理整顿，房地产泡沫在急剧膨胀后怦然破碎。绝大多数房地产开发商成了银行的债务人，这些债务人把赚的钱留给自己，留下的房地产则高价抵给银行。“天涯，海角，烂尾楼”成为海南的三大景观。1994年之后，海南的经济再次滑坡，最直接的感觉就是每过一个春节，都会走一大批人不再回来。很多如雷贯耳的公司已不复存在，昔日活跃在商业舞台上的知名人物也销声匿迹了。投资热马上冷了下来，海南的旅游市场也随之不景气。1996年，张果喜再也不犹豫了，他忍痛将进行了一半的工程施工停下来。2000年后，中国旅游热出现，海南又逢“春天”，张果喜又重新坐镇三亚，临场指挥，停工的大酒店重新上马，仅半年时间，一个四星级大酒店竣工、装修、开业。

除木雕、房地产和旅游外，张果喜还在汽车配件、白酒行业、微型电机、证券市场等领域多元化发展。适度多元、突出主业、渐进扩张是这些年他为自己定下的发展模式。

淡然的财富观

对待财富，张果喜一直看得很淡。他不会因为自己是个穷光蛋，就觉得很可怜；也不会因为拥有多少个亿，就觉得很了不起。人生是短暂的，金钱这东西生不带来，死不带走，把它用到最需要的地方去，才是善善之举。30 多年来，张果喜一直本着“交足国家、留足企业、富裕职工、造福社会”的利润分配原则，一方面按规定向国家足额上缴税金，另一方面积极捐助各种社会公益事业。早在 80 年代初期，企业的利润刚达到 100 万元时，他就向余江一中捐款兴建了一座科学楼。以后又陆续出资兴建了县电视塔、福利院，修建了长达百米的“果喜桥”，并积极捐助抗洪救灾、烛光工程等公益事业。历年来，张果喜和他的企业向社会捐款累计超过 4000 万元。

富得早，张果喜还是难以忘记小时候的穷日子。刚结婚那会儿，他已是厂长，但日子也很紧。刚刚创业，他一分钱也不可能提供给家里，两个女儿全部靠在医院当药剂师的妻子抚养。尽管如此，妻子还从她的工资里面每个月省出 10 块钱，给他当零花钱。那时张果喜加班很多，有时到凌晨三四点才下班。但不管寒冬腊月还是夏天，只要一回到家，妻子听到门响就起来烧好水，如果肚子饿了还做好宵夜。现在富裕了，能和世界富豪觥筹交错，也登上了《福布斯》富豪榜，张果喜依然经常回忆起早年夫妻间的恩爱。他告诫同为成功企业家的朋友们：“不要讲什么条件好了换太太，条件再好一百倍也不可能换太太。”他依然保持着那份朴实。

住在鸟巢边上

贾国华

1978年：北京市郊东郊农场插场知青返城
2008年：北京市朝阳区大屯街道办事处党工委委员、组织部长

又是晚上8点才到家。贾国华一边打开音响，听上几首现代歌手翻唱的老歌，一边和妻子打了声招呼。进入2008年，他明显地感觉工作更忙了。北京市和朝阳区把他工作的大屯街道办事处定位为“奥运会的窗口街道”，他和同事们觉得自己的责任更光荣了，工作起来也更加细心。好在妻子很支持自己的工作，身为一位小学校长，本来工作就很忙，但还是把车留给离单位很近的丈夫开，所有的家务也几乎是妻子一人承担。“参加工作都30年了，还没这么累过。”贾国华想。他再次回忆起了自己这平凡而充实的30年。

知青返城，变动而充实的年代

1974年，初中毕业的贾国华在知青“上山下乡”风潮中，来到北京市郊的东郊农场（又名“中阿公社”），当知青已经4年了，在农场配过饲料、种过农田、开过拖拉机、当过统计员。比起到外地下乡插队的知青，能到北京近郊的农场，在那个年代已经很不错了，因此，他很安于农场的生活。

1978年的下半年，全国知青工作会议召开，会后出台了一系列新的知青政策，大批的知青将返回城镇。这一年，贾国华已经在农场干了4年农活。年底，农场领导通知城市来的这批年轻人结束知青生活，等待组织分配正式工作了，贾国华甚至没有太多的欢喜。初中毕业后就被分配到农场，除了农活，还会干什么呢？回到位于安贞附近的家里，看着已经长大成人的孩子，父母很是高兴。为了欢迎儿子归来，母亲特意多炒了几个菜，一家人其乐融融。

新工作很快就分配了，在北京市住宅建设第一公司。虽然是临时工，但能有一份工作，他感觉相当不错。成天和泥、搬砖，虽然有些劳累，但因为充实，他觉得那是返城后一段令人难忘的日子。

建筑工地临时工的工作没干多久，他因为高血压回家养病。后来，他通过了北京冶金制造厂的招工考试，冶金厂就在大屯乡。那时，进出乡里只有一条很窄的机耕道，即现在车辆川流不息的北苑路，当时机耕道两侧是一望无垠的农田。报到那天，他从公交车上下来，沿着机耕道往厂里走，憧憬着新的工作。因为他曾在建筑公司工作过，厂里把他又分到基建队。队领导发现他的数学还不错，没有让他当建筑工人，而是安排他当库管。

几年后，贾国华感到自己的知识不够，下定决心要考大学。就在他积极复习备考的时候，北京冶金制造厂被划转到首都钢铁总公司，首钢有解决部分“全民所有制”的指标，厂里就推荐他去参加考试。80 多个人考试，贾国华考了第一名。拿了第一，他被调到车间。1991年，首钢总部要从各下属单位招一批人，自然看上了贾国华。首钢总部离家太远，他当时很不愿意，但还是服从了分配。每天一清早，他就骑着自行车到地铁站，下地铁后再步行到首钢。尽管每个月的地铁月票 10 元是单位发的，但每天有三个小时都耽搁在了路上，他觉得照顾不了家，总想着赶快回冶金厂。

1993 年，总公司终于“放人”了，贾国华回到冶金厂当上了工会干部。写写标语、组织一些职工活动，贾国华很喜欢这样的工作。1995年，大屯乡因为要筹建街道办事处，忙不过来，想从辖区各单位借用一批干部。于是，贾国华赶巧被借调到了乡里。

扎根街道，稳定而殷实的生活

借调到乡里几个月后，因为他的工作令人满意，乡里就把他留了下来，还在四环边上给他分了房子，就是现在的国家体育馆“水立方”处。

这是贾国华分到的第一个房子。结婚时，他和妻子借住在父母家，他们的房间只有 7 平方米。女儿满月后，一家三口搬到了安定门附近的一个胡同里，那是岳父的房子，只有16平方米，住了整整五年。后来，妻子上班的学校把几间旧教室隔开，临时解决无房教师的住房问题，他们在半间教室里又住了 7 年。安贞进行危房改造，母亲的房子被拆迁，新房子安排在北沙滩附近，是楼房，面积也比原来大，贾国华一家又和母亲住在了一起。这次，乡政府安排的房子是一个三间大平房，还额外搭上了厕所和厨房，足足有了 100 平方米。贾国华在屋前筑上小花园和停车位，准备安心地住上几年。

女儿在当年“中阿公社”附近的一所舞蹈中专上学。贾国华很喜欢女儿，每到周末就会打辆“面的”去接她，周一早上再送她回学校。后来“面的”改成了“夏利”，价格也贵了，贾国华就想自己买个车。2000年，妻子说就买个“桑塔纳”吧。后来工资涨了，贾国华和妻子商量着再攒一年钱，买个“富康”。2002年底，领到年终奖，贾国华径直买了一辆“捷达王”。妻子下班回来，贾国华交给妻子一个空信封。妻子问:“钱呢？”贾国华指指窗外停车位上停靠的新车，说:“买车了。”夫妻俩开怀笑了起来。如今，女儿从中央民族大学舞蹈学院毕业后，在中国歌剧舞剧院工作。贾国华把开了五年多的“捷达”换成了24万的“现代途胜”，准备把“捷达”送给女儿开，女儿不要，决定花自己的钱买个自己喜欢的。

迎接奥运，忙碌而幸福的日子

随着北京市区的扩张，大屯乡被包含进了城区，高档社区和社会单位纷纷在这里选址。原先的农田逐渐淡出了视野，取而代之的是宽敞的马路和高耸的摩天大楼。2001年，北京申奥成功后，规划中的奥运村和奥林匹克森林公园的一半都在大屯乡的地界内，全国和全世界的目光几乎瞬间集中到了这里。农村城市化、城市现代化和区域国际化这个地区的三段式发展规律在其他地方也许需要几百年的时间，但是在大屯，只有7年时间。原先平静的乡镇工作也忙碌起来。贾国华当上拆迁办副主任后，首先面临的就是拆迁自己的房子——他住的那里确定要建奥运场馆。尽管拆迁遇到的问题很复杂，但是民众对奥运会很有热情，拆迁政策也很优惠，当地农民和居民给予了不小的配合。2005年，大屯摘下“乡政府”的牌子，挂上了“街道办事处”的牌子，成为北京50多年来首个撤乡建立街道办事处的地区。

从农村建设到城市管理，在城市管理、综合治理和党务工作三个部门工作的贾国华感受到了大屯在市政设施和居民素质两方面的显著提高，也感受到了群众对于基层公务员素质提高的迫切要求。2004年，他从敲键盘开始学习计算机，从ABC开始学习公务员英语300句，这年他还拿到了法学本科的毕业证。当然，最大的转变，还在于民主管理理念的提升。2006年底，作为办事处党工委组织部长的贾国华参与指导了辖区社区的换届选举。在临近奥运主场馆的社区，街道办事处推荐的社区主任候选人在居民民主选举中落选了。起初，这一结果的确让办事处感到唐突，但最终还是批复同意了选举结果。经过与新主任和社区委员做耐心、细致的沟通，这个社区的工作不但没有受到影响，一年多后，不少工作还成为了办事处社区工作的特色。

每天贾国华下班回到家，妻子已经把菜做好，端到了桌子上。七八个菜，份量都很少，但很注重营养搭配，两个人刚好可以吃完。妻子一边为贾国华盛好饭，并斟上一小杯药酒，一边问:“今天都忙些什么了？”贾国华想了想，答了句:“反正现在都是为奥运，虽然为居民办的都是些小事，但是一想到小事业与奥运有关，就觉得自己似乎也神圣了似的。”说完，两口子相视而乐。这就是他的生活，平静而幸福。

106次夺冠，16亿身价

李 宁

1978年：广西壮族自治区体操队队员
2008年：李宁体育用品有限公司董事长，
中国体操协会副主席，
中国体育用品联合会副主席

上世纪末，在全世界范围内通过互联网和投票选择，李宁被评选为“20世纪世界最佳运动员”，他的名字和拳王阿里、球王贝利、飞人乔丹等25位体坛巨星一道登上了世纪体育之巅。2008年北京奥运会开幕式上，李宁在全世界的瞩目中绕场逐火空中点燃“鸟巢”顶上的主火炬，完成了他在体育场上的又一次完美亮相。无论是在赛场上还是赛场外，李宁总与体育结下了不解之缘。

昔日“体操王子”

一位知名学者发现，中国最著名的作家不乏少数民族，如老舍是满族、沈从文是苗族。其实，中国最著名的运动员，也有许多来自少数民族，如李宁就是大西南的壮族儿子。他7岁开始在家乡广西接受正规的体操训练，那时他还是个玩童。

李宁的成功和奥运密不可分。1978年，中国恢复在奥委会的合法席位，在国际体坛的地位陡然提升，运动员出国参加大赛的机会也多了起来。当时已经练了8年体操的李宁还没有进入国家队，1979年，中国体操运动员在中断了17年之后参加了第20届世界体操锦标赛，16岁的李宁憧憬着能参加下一届的世锦赛。

1980年，李宁如愿以偿进入了国家队，荣誉接踵而至。1982年第六届世界杯体操赛上，男子全部7枚金牌他一人独得6枚，创造了世界体操史上的神话，被世人誉为“体操王子”。1984年，在第23届洛杉矶奥运会中，李宁共获3金2银1铜，成为该届奥运会中获奖牌最多的运动员……从1970年进入体校开始学习体操到1988年退役，18年的运动生涯中，参加国内外重大体操比赛他106次夺冠，其中全国冠军92次，世界冠军14次。1987年，他当选国际奥委会运动员委员会委员，是当时亚洲唯一的委员。

1988年前的李宁意气风发，享尽荣光，是中国人民心中的英雄，围绕着他的是鲜花、掌声、镁光灯。汉城奥运会被看作是中国重返奥运会后的“滑铁卢”，志在必得的金牌一再失手，当人们把太多希望寄托在李宁身上时，承受巨大心理压力的李宁在最后一次比赛中意外失利，从吊环上摔了下来。当时的社会还不如今天这般开放与宽容，因为对世界冠军寄予了重托，人们很难接受这样的失误。尽管当时他是像往常一样带着笑容走下赛场，心情却异常沉重。回到首都机场，他刻意躲过昔日熟悉的闪光灯和鲜花，走过一条偏僻通道。通道那头，是从广东远道而来的广东三水健力宝集团总经理李经纬手捧鲜花迎接英雄的归来。

汉城归来后，李宁宣布退役。

今天商界巨人

退役后，李宁一度不知该何去何从。这时，摆在他面前的路和很多退役运动员一样，不是做教练就是担任政府官员：广西体委邀请他担任广西体委副主任，海外某国聘请他为国家队教练，甚至演艺界也邀请他加盟。而李宁更希望在南方建立一所体操学校，为国家培养更多的体操人才。李经纬听说这个想法后告诉李宁，搞体育一定要有经济做后盾，这样才稳定和长远。尽管当时舆论对世界冠军退役后经商颇有微词，在李经纬的力邀下，李宁出任了他的特别助理。加盟健力宝几个月后，李宁向李经纬提出，想办一家体育服装厂。1990年，由一家新加坡公司、健力宝和李宁三方合作的中新（新加坡）合资健力宝运动服装公司挂牌成立，其中健力宝出资1600万，由李宁出任总经理，其服装品牌则被命名为“李宁牌”。

同年，第十届亚运会在北京举行。精明的李宁意识到了这是自己品牌起飞的绝佳机会。尽管当时“李宁牌”运动服的款式尚未定型，质量也在同类产品中不算最佳，他还是希望所有的火炬接力者都能身着“李宁牌”运动服出现在神州大地的每一个角落，以便所有中国人都认识“李宁牌”、熟悉“李宁牌”。昔日的世界冠军亲自出马找到亚运会集资部，却得知集资部为火炬接力主办权出的价是300万美元，而且日本、韩国的两家财团已经表示了买断火炬接力主办权的意向。多年的运动员生涯铸就了李宁不轻言放弃的性格，他不辞辛苦地几次上门找到火炬接力活动的组织者，开始了他从运动员转变为品牌经销商的跨越。“李宁牌”和李宁公关术一起经受着巨大的考验，但结果可以说明一切组委会终于拍板，由健力宝公司独家赞助火炬接力，资金为300万人民币。亚组委同时还决定将“李宁牌”运动服作为亚运会圣火传递指定服装、中国国家代表队领奖服及中外记者的指定服装，开创了中国体育用品品牌经营的先河。“李宁牌”一亮相，几乎亚洲所有的体育爱好者都为之眼睛一亮，“李宁牌”被广泛接受了。

李宁初次出手便大获全胜。1991年由健力宝投资1600万，广东李宁体育用品公司正式成立，负责“李宁牌”运动服、运动鞋的经营。1992年底，李宁公司在北京、广东成立三家分公司，分别从事运动服装、休闲服装和运动鞋的生产经营。“源于体育、用于体育”是李宁经商以来一贯坚持的宗旨，“李宁牌”一直关注和支持着世界尤其是中国体育事业的发展。1992年巴赛罗那奥运会，1996年亚特兰大奥运会、残奥会，2000年悉尼奥运会，2004年雅典奥运会……处处可见穿着“李宁牌”装备的中国运动员。李宁公司还是中国体操队、射击队、跳水队、举重队等国家级运动队的常年赞助商。

从1991年开始，“李宁牌”营业额每年以100%的比例增长，然而一个隐痛也时刻伴随着这家公司。李宁公司是健力宝的全资子公司，而健力宝的控股股东是广东三水县人民政府，是国有资产。在李宁心中，他更希望公司朝着现代企业模式发展。李经纬也完全支持他自立门户。从1993年开始，李宁就不断地从健力宝公司赎买其所持李宁公司的1600万元股份。1994年9月，李宁体育产业公司正式成立，主要作为控股的母公司，初步实现了同资本市场的对接。1995年底，李宁集团成立，李宁亲任集团董事长兼总经理。1996年初，李宁将公司总部从广东迁到北京，彻底告别了健力宝。这年，公司销售收入6.7亿元，实现了历史性跨越。

未来世界品牌

随着竞争的加剧，李宁品牌遭遇危机，虽然仍有很高的品牌认知度，但产品质量低，款式陈旧，内部管理更是陷入了混乱。公司的增长在1997年出现了停滞，到1999年销售额从两年前的7600万美元下滑到了6000万美元，这给李宁敲响了警钟。他一方面解雇了一些占据重要职位的家族成员，聘请了更多的职业经理人管理企业，逐步淡化家族氛围，向现代企业制度转型。他聘请了资本运作方面的专家为独立董事，1999年他又聘请各个领域的专业公司协助公司完成整体战略，德国SAP公司、台湾麦达公司、海问咨询公司、日本电通广告公司、普华永道会计师事务所等都是李宁公司的合作伙伴，此举旨在增强公司的国际竞争力，把“品牌国际化”提上了战略议程。

另一方面，李宁也萌生了让公司上市的想法。1998 年 12 月，为了把李宁集团最好的资产打包上市，上海李宁体育用品控股有限公司在浦东新区注册成立，也就是后来的上市公司主体。但一年之后，因公司管理和股权结构仍然不清晰，达不到上市的要求，李宁集团香港上市的想法没能实现。2003年1月，新加坡政府投资公司TETRAD 以及中国国际金融公司所属 CDH 基金公司进入李宁公司，分别持有公司19.9%和4.6%的股权，李宁公司最终在股权结构上完成改造。

一系列的改革措施获得了成效。随着公司营业额的持续上升和外资的进入，2004年6月28日，李宁公司正式在香港主板市场上市，当日公司股票成交量达 2530 万股，是当日交投最为活跃的个股。

选择在香港上市，很重要的原因是李宁希望借此进一步加速“李宁牌”的国际化进程。1999年8月，“李宁牌”代表中国体育用品行业，第一次参加了在德国慕尼黑举办的世界体育用品博览会，开始以品牌进入的方式征战欧洲市场；2000年，“李宁”在西班牙、希腊、法国等欧洲的 9 个国家拓展了自己的特许经销商。这一年，李宁从阿迪达斯的手里夺得了法国体操队装备赞助权。2008年北京奥运会，“李宁牌”与中国乒乓球队、跳水队、射击队、体操队，以及西班牙男女篮球队签约，成为运动员的比赛服装提供商。到2018 年，李宁把公司的目标锁定在占有全球 20% 的业务，成为世界性体育品牌。

坚持才有今日

刘永好 | 1978 年：四川省机械工业管理干部学校讲师
2008 年：新希望集团董事长，全国政协常委，
中国民生银行第一大股东

创业的闪念

刘永好在家排行老四，他曾经有个最大的愿望——一周吃一次回锅肉，两天吃一次麻婆豆腐。这是1966年刘永好所追求的理想生活。两年后，他插队到成都市郊的新津县古家村，当地没水没电，连一条完整的公路都没有，他一天的工分是 1 角 4 分钱。农村太苦，农民太穷，在农业大省的四川更是如此。三哥从四川农业大学毕业前夕对母亲说，毕业后想回乡当农民，搞养殖业。母亲望着这个从小因家境贫寒寄养陈家的三儿子，不解地说:“农村苦，你当了10多年农民，还没当够？”孝顺的三儿为了不让母亲生气，毕业后到新津县农业局当了技术员，但他仍不死心。

1980 年春节，二哥刘永行为了让自己四岁的儿子能够在过年的时候吃上一点肉，从大年初一到初七，在马路边摆了一个修理电视机和收音机的地摊。短短几天时间，他竟然赚了300块钱，相当于 10 个月的工资。这如同一颗重磅炸弹在兄弟们的心里炸开了花。刘氏四兄弟一商量:“既然能靠修理无线电挣那么多钱，我们是不是可以办一家电子工厂呢？”对于学计算机的老大刘永言、在省机械工业管理干部学校当教师的刘永好以及会修理家用电器的刘永行来说，生产电子产品并不是难事。很快，中国第一台国产音响横空出世，起了个名字叫“新意音响”。刘永好拿着音响来到乡下想和生产队合作，他们出技术和管理，人家出钱，工厂一人一半。

没想到，这事报到公社之后，公社书记一句“集体企业不能跟私人合作，不准走资本主义道路”就让刘氏兄弟们的美梦胎死腹中。

鹌鹑蛋“孵”出的银行

音响虽然没有做成，但创业的激情却被点燃了。刘永好的理想不再是回锅肉和麻婆豆腐，而是要成为“万元户”。做什么呢？搞音响投资大，何况还有那么多条条框框；而搞养殖业不需要很多投资，技术含量低，自己也熟悉，那就从养殖业开始做起。于是，在左邻右舍不屑的议论声中，他和兄弟们在自家的阳台上养起了鹌鹑。鹌鹑越养越多，下的蛋也越来越多。每天下班回家，他和二哥刘永行就骑着自行车沿街叫卖，偶尔碰到自己的学生，难免面子上有些挂不住，但钱包毕竟鼓了起来。兄弟们一商量，干脆去村里办一个良种养殖场吧。

刘家四兄弟都是国家干部，为了不给自己引火烧身，刘永好特意找到县委书记，咨询回乡创业会不会与当时的政策有冲突。书记很开明，同意了他的想法，但要求他们带起10个专业户。吃了定心丸的兄弟们马上向银行申请贷款1000元，结果银行不贷。兄弟们只好卖废铁、手表、自行车、黑白电视，凑足了1000元钱。

三哥刘永美率先“停薪留职”，下乡当起了“育新良种场”的场长，其余三兄弟随后也辞去令人羡慕的公职。“良种场”的主营业务是孵小鸡、养鹌鹑和培育蔬菜种。没有孵化箱，他们到货摊上收购废钢材，然后到工厂租用工具自己来做。为了建厂房，刘永好从成都买回一拖拉机旧砖，由于道路狭窄，拖拉机无法进村，旧砖被卸到了两公里之外。刘永好带头，几个农民兄弟帮忙，手抱肩扛，愣是把一车砖给搬了回去。1983年底，兄弟们一盘点，这一年育新良种场孵鸡 5 万只，孵鹌鹑 1 万只，带起 11 个专业户，哥几个兴奋异常。

第二年4月，资阳县的一个专业户找到他们，一下子就下了10万只小鸡的订单。2万只小鸡孵出来交给这个专业户，一半在运输途中闷死了，一半在家里被大火烧死了，对方已经是倾家荡产。专业户跑了，他老婆跪在地上，求刘永好饶了他。剩下几万只小鸡马上就要孵出来，而饲料是统购统销，农忙时节正是紧缺的时候，借的钱又要马上还，哥儿4个想过跳岷江，想过逃新疆。面对创业后的第一次危机，兄弟们的士气却大打折扣。关键时候，还是老大刘永言的一席话起了作用:“我们一定要坚持下去!”四个大男人连夜动手编竹筐，披星戴月带着刚孵出的8万只鸡仔去农贸市场卖。连他们也没有想到，虽然身上掉了十几斤肉，但8万只鸡仔竟然全部卖完了！到了1986年，育新良种场已经年产鹌鹑15万只。他们起初在成都青石桥开了一个鹌鹑蛋批发门市部，后来生意越做越大，他们又在成都最大的东风农贸市场开了一家店，每天都堆放着数十万只蛋。重庆、西安、新疆、北京的订单让他们忙不过来。在刘家的带动下，新津县有 1/3 的农户养鹌鹑，最高峰的时候全县养了1000万只鹌鹑，新津成了全国鹌鹑批发中心。刘氏四兄弟决定用一个充满美好前景的词来重新命名自己的养殖场——“希望”。

他们把自己养殖鹌鹑的技术和经验毫无保留地传授给了新津县的养殖专业户。很快，新津县的养殖专业户小兵团作战，使用刘氏兄弟的饲料和农具，在孵化率、产蛋率和饲料转换率三项指标上都超过了刘氏兄弟。那年刘永好出差到广州，偶遇广东农民排着长龙队购买泰国正大颗粒饲料，令他惊奇不已，他盘算着生产猪饲料的前途。四川是全国养猪大省，养猪是农村经济的重要来源。刘氏兄弟经过认真研究，决定放弃养鹌鹑而转产饲料，并作了详细的战略部署。他们在古家村买了10亩地，并将创收的钱全部投入饲料项目。1989年，公司研发的“希望牌”乳猪全价颗粒饲料问世，并逐渐打破了正大饲料垄断中国高档饲料市场的局面。

1992年，中国第一个经国家工商局批准的私营企业集团——希望集团——在希望饲料公司的基础上成立了。兄弟四人平均划分资产，按照各自价值取向和各自特长开展业务，刘永好出任总裁、法人代表。1993年3月，刘永好当选第八届全国政协委员，他与41位政协委员共同提案，希望成立一家主要由民营企业家投资、主要为民营企业服务的银行。这促成了两年后中国民生银行的成立。

最完美的分家

创业时，四兄弟考虑的是如何不倒下去。企业发展壮大了，四人的看法难免会发生不一致。作为家族企业的希望集团经历了两次调整，向现代企业过渡和规范。1995年4月13日，在“资产平均分配”的原则下，创业期间产权极为模糊的刘氏兄弟在一夜之间划分得清清楚楚：老大刘永言创立大陆希望公司，老二刘永行成立东方希望公司，老三刘永美建立华西希望公司，而老四刘永好成立南方希望公司，即今天的新希望集团。这个举动被后来评价成为中国企业史上最精彩最完美的“亲兄弟，明算账”。

新希望集团早已经不是那个以生产饲料为主的公司了。这个中国国家工商局评定的最大的民营企业的势力遍布在饲料、乳业及食品业、金融与投资业、房地产开发、基础化工产品等众多行业领域。1999年5月起，刘永好用了一年的时间，动用资金1.86亿元，完成了对民生银行一些股份的收购，成为占股比9.99%的第一大股东。新希望集团公司在中国民生银行持续而稳定的股权收益已成为业绩的重要组成部分。改革之初中国要解决的问题是吃饭穿衣，新希望的主业是农产品；今天服务业正值其时，新希望又介入了金融业。2002年，新希望集团与广西桂林阳朔县政府签下了桂林山水最核心风景区50年的租赁权，2003年在成都高新西区破土建造五星级酒店，新希望又进军旅游业。中国经济的脉搏在新希望这里清晰可见。

一度被福布斯排行榜列为中国内地首富的刘永好，2007年再度登上了“胡润金融富豪榜”榜首的位置。但刘永好很不愿意听到类似“首富”、“大亨”这样的称谓。他一贯朴素的生活被看来近乎于另类。他不喜欢穿西服，身上的T恤衫和休闲裤加起来不过百来元。每次坐飞机出行，他只坐经济舱。他的发型十几年来没变，是那种花几块钱就可以理的自然式。十多年来，他一直去同一家理发店理发。他一天工作至少12小时，生活的主色调就是学习，无论和谁交谈，他都会拿出随身携带的本子，碰到有用的便往上记。他还是喜欢吃麻婆豆腐和回锅肉，只要待在成都，中午便会尽量按时回家吃妻子做的饭。平日里，他最主要的工作餐是盒饭。除此之外，他还习惯和各部门基层员工在集团餐厅共进午餐。他吃饭速度很快，饭盒中不会剩下一粒米。

告别都市，扎根边塞

徐玉林 | 1978年：《新疆日报》编辑、记者
2008年：退休老人

上世纪60年代的一个金秋十月，一群心怀祖国、向往世界、朝气蓬勃的年轻人，毅然告别了生活许久的大都市，来到“行到关西更向西”的西北边陲——新疆。内中一个身材中等、体弱瘦削，戴着一副近视眼镜的男生，他就是刚刚从中国人民大学哲学系毕业的北京青年——徐玉林。

五天五夜的火车，大部分时间是在硬座车座下面的地板上睡觉。醒来时他就一边吃着来时爹妈给准备的干粮，喝着列车供应的开水，一边与大家高谈阔论，憧憬着未来那充满浪漫色彩的边塞生活。随着列车时速的逐渐减慢，铁路两侧的绿色植物逐渐变得稀疏、消失，车窗外是一望无边的黄沙大漠、落日孤烟，徐玉林默默念着儿时吟过的“劝君更进一杯酒，西出阳关无故人”的诗句，心里的热度不觉间也在慢慢降低。

车到乌鲁木齐市，只见满目白雪，满街坚冰，徐玉林提着沉重的行李箱寸步难行。有的同学大胆迈出几步，马上摔得滚出十几米远，半天爬不起来，最后只好求助于人力车夫。推着堆满行李的三轮车，看着那尚不知名的街道和街道两旁的低矮破房，以及房顶灰色的厚厚积雪，徐玉林心事重重。刺骨的寒风早就穿透了临来时妈妈特意给他买的毛手套和毛皮鞋，双手双脚很快就被冻麻木了。

将近两年的部队农场生活，转眼就过去了。天山恒久不变的冰峰，四季常绿的松柏，茫茫的戈壁、草原和边疆清冷的空气，不断充实和净化着徐玉林的心灵；火热的集体劳动和战斗生活，不断温热和升华着他那曾经冷却的心灵。

离开了部队农场，徐玉林被分配到新疆日报社当记者，从此开始了他广泛、深入地接触边疆社会的生活。那时的记者生活是十分艰苦的，尤其是在尚未脱贫的天山南部少数民族地区，地域的偏远、交通的不便、百姓的贫苦、生产方式的滞后和少数民族淳朴的民风，在他年轻的心灵中刻下深深印记。当时，从乌鲁木齐市到南疆的和田地区，乘长途客车要走整整10天，旅客们在受尽颠簸饥渴的煎熬之后，一到车站就要以百米冲刺的速度去抢旅店铺位。交通旅舍每晚人满为患，男女老少混居一室的现象司空见惯。一到开春，地气上升，大段的沙石路面严重翻浆，形成成串的大坑，车辆行走其上如在海中遭遇风浪，大起大落；行路的人们则腰酸背痛，苦不堪言。然而那时的百姓，大都充满了一种面对困难的坦然和乐观，大多保持了类似革命者的那种达观和豪放。

有一次，徐玉林随报社的老同志一起奔波2700公里，绕过举世闻名的“死亡之海”塔克拉玛干大沙漠，来到巍巍昆仑山下的新疆民丰县。在泥水奔腾的古尼雅河畔，采访在那里开山凿洞、修渠引水的维吾尔族民工，他们被劳动者那顽强拼搏、愚公移山的精神深深打动了。民工们在数十米深的山岩石洞中，借着微弱的油灯，手持特制的尖头铁锤，一分分、一寸寸地在坚如凝铁的岩石上敲击、钻进。虽然每天只能前进几尺甚至几寸，但仍旧满头流汗地奋进不止。历经数年，最终凿通了长达万米的石洞，为农田引来了甜水。民工们的豪情和刻苦打动着徐玉林的心，但他们手中生产工具的落后也同样刺痛着他的心。

八月的帕米尔高原，天高云淡，风清气爽。在当地驻军的帮助下，徐玉林约请克孜勒苏柯尔克孜族自治州州委宣传部的新闻干事姜汀燕一同前往当时中苏边境的柯族放牧点采访。沿着帕米尔高原的险峰深峡骑马行进，耀眼的冰峰和震耳的湍流，高坡上的野葱林和丛林中的野鸟群，使玉林心旷神怡。眼望着身边英姿飒爽、在当地有“女秀才”之称的小姜，玉林心中油然泛起一种浪漫的情怀。而也正是这次采访，使两颗年轻的心，在遥远的帕米尔高原，在冰天雪地的陪衬下，紧紧地相印在了一起……

30 年过去了，当年的“小徐”、“小姜”转眼变成了老字辈，他们在边城长大的女儿也慢慢长大成人。跨入 21 世纪后的一个夏天，早已离开新闻单位的老徐，带着从中国传媒大学放假回来的女儿重返昔日的战地——南疆。父女俩乘着漂亮舒适的轿车，沿着塔克拉玛干大沙漠的边缘前行。一路上，只见沿途城镇库尔勒、阿克苏、库车、阿图什、喀什、和田，处处都是高楼林立、绿树连荫、瓜果飘香、欢歌笑语，高等级公路四通八达，昔日的土房换成整齐的楼房和砖瓦房，昔日干涸的土地变成了一望无际的绿色地毯，就连寸草不生的戈壁荒漠，也被开发成了葡萄园、瓜果园。有些地段连新修成的高等级公路也被架上了葡萄长廊。小车在公路上奔驰，年轻的司机小李见到路况这么好，直喊“真爽！”。他们来到有“玉城”之称的和田地区所属各城镇，只见满街都是玉石的天下，各种美玉琳琅满目。在于田县宾馆，他们居然见到了一块重达 4700 公斤的天然玉石之王。

他们来到老徐当年采访过的民丰县寻找昔日的老友。这里已不再是当年的荒漠小县，而成了地处战略要冲的第一条横穿大沙漠公路起点城市。当初，这里到自治区首府乌鲁木齐市，乘车要走2700公里。如今，不光可以乘飞机，就是乘车穿越大沙漠也要省去将近2000公里的路程。清晨，老徐父女依依惜别老友，从民丰出发前往南疆石油重镇、巴音郭楞蒙古自治州首府库尔勒市。一路上，车行风驰电掣，眼见两旁如巨形渔网般铺在路旁的固沙网，眼见石油工人引水滴灌种植的沙漠绿树带，眼见远远近近那高耸入云的石油井架，想起当年探险家们骑着骆驼，驮着饮用水和干粮，小心谨慎地进入沙漠，还难免遭灭顶之灾的恶运，老徐真是百感交集。

如今，已经从自治区台办主任任上退休的老徐，时常携着老伴，爬上红山顶上，鸟瞰着高楼林立的乌鲁木齐市新市容。当年，古人为了应对年年发洪水的乌鲁木齐河而修建了镇妖塔，然而洪水仍旧年年扰民，老徐就曾多次参加过乌市的城市防洪。如今，乌河两岸已经建成了风景如画的居民区和商业区，奔腾的乌河水驯顺地沿着和平渠流向下游的万顷良田，滋润着成千上万的和平民众。从红山向北望去，那个老徐来到此地时尚是全市最高建筑的老资格宾馆已成了政府专门用来接待外地客人的招待所。它和如今遍布城乡的30、40、50甚至60层大厦相比，似乎成了小老弟，然而，人们不会忘记它，就如同不会忘记过去一样。这是一种历史感，就是这种历史感，时常激励着老徐和他的老伴，要像年轻的女儿一样，面对更加美好的未来，充满乐观和信心。

出版后记

古人有云："三十年曰一世，如有受命王者，必三十年仁政乃成。"这句话恰好可以对中国改革开放30年的光辉历程做一个注解。我们相信，了解一段历史的最好方法是记录这段历史中各色人物的生活状态。在改革开放30周年之际，我们编辑出版此书，意在通过讲述人物的生活故事，真实、形象地反映这30年来中国社会的变迁，以此为改革开放保留一段鲜活的记忆。

本书的顺利出版，是许多人共同努力的结果。首先，要感谢本书作者不辞劳苦的采写。这个作者团队除主要作者潘灯外，还有以下作者，他们分别是：安然：《要壶不要命》，宋洁：《细说30年衣食住行》，朱玲、周炜：《30年出行，六种心情》，赵晓萌：《平凡生活的巨变》，乐琰：《"老上海"在浦东迷失方向》，元君：《残疾女教师的教育长征》，林云：《"金牌司仪"的各色婚礼》，方雯：《"我看到一个绿色的中国"》、《一个"老北京"的建筑情结》。同时，我们更要感谢接受本书作者采访的人们，是他们细腻的讲述，使我们能更真切地还原这30年的生活状态。由于时间仓促，个别人物我们未能联系到本人，只是根据既有资料对他们的生活故事进行了整理和完善，但是，我们依然要深深地感谢他们，是他们多姿多彩的生活，为这过去的30年增添了一道道亮丽的色彩。

过去的30年，我们已经创造了震惊世界的壮举。如今，站在新的起点，我们仍有足够的理由相信未来，相信奇迹！

图书在版编目(CIP)数据
30年，30人／潘灯 等著.－北京：外文出版社，2008
ISBN 978-7-119-05440-7
I.3… II.潘… III.人物—生平事迹—中国—现代
IV.K820.7
中国版本图书馆CIP数据核字(2008)第120364号

策　　划：李振国　胡开敏
责任编辑：文　芳
图片提供：CFP、CNS、兰佩瑾、诸彪、朱玲等
装帧设计：一瓢设计 · 邱特聪
印刷监制：张国祥

30年，30人

见证中国改革开放

潘灯 等著

出版发行：外文出版社
地　　址：中国北京市西城区百万庄大街24号　邮政编码100037
网　　址：http://www.flp.com.cn
电　　话：(010) 68320579/68996067 (总编室)
(010) 68995844/68995852 (发行部)
(010) 68327750/68996164 (版权部)
印　　制：北京外文印刷厂印刷
经　　销：新华书店/外文书店
开　　本：787mm × 1092mm　1/16
印　　张：12
字　　数：100千字
装　　别：平装
版　　次：2008年第1版第1次印刷
书　　号：ISBN 978-7-119-05440-7
定　　价：38.00元